처음부터 배우는 시간 관리

처음부터 배우는
시간 관리

백미르 지음

다온길

프롤로그

하루 24시간,
당신은 얼마나 잘 활용하고 있습니까?

'시간이 금이다'라는 말은 누구나 한 번쯤 들어봤을 것이다. 하지만 그 진정한 의미를 이해하는 사람은 얼마나 될까? 우리는 종종 시간이 부족하다고 느끼지만, 그 시간은 어떻게 쓰여지고 있을까? 모든 사람에게 하루는 똑같이 24시간이 주어진다. 성공한 사람들의 비결은 단순히 더 많은 시간을 가지는 것이 아니라, 그 시간을 어떻게 관리하느냐에 있다.

얼마 전, 한 친구가 새로 시작한 프로젝트에서 예상보다 많은 시간을 허비하게 되었다고 하소연한 적이 있다. 그는 매일 아침 "오늘은 정말 열심히 해야지"라고 다짐했지만, 정작 하루가 끝날 때쯤 되면 해야 할 일의 절반도 끝내지 못한 채 좌절하곤 했다. 그는 시간이 부족하다고 느꼈지만, 사실은 시간이 아니라 관리의 문제였다.

이 책은 바로 그 '관리'의 문제를 해결하고자 한다. 시간 관리는 복잡하고 어려운 것이 아니다. 오히려 작은 습관의 변화와 몇 가지 기본 원칙을 익히는 것만으로도 큰 변화를 만들어낼 수 있다. 하루에 단 10분이라도 계획을 세우고, 우선순위를 정해 작은 일부터 차근차근 해내기 시작하면, 어느새 그 변화는 눈에 보이기 시작할 것이다.

예를 들어, '아이젠하워 매트릭스(Eisenhower Matrix)'라는 간단한 도구를 사용해보자. 이것은 모든 일을 긴급하고 중요한 일, 긴급하지 않지만 중요한 일, 긴급하지만 중요하지 않은 일, 그리고 긴급하지도 중요하지도 않은 일로 구분하는 방법이다. 처음엔 다소 복잡해 보일 수 있지만, 매일 해야 할 일을 이 네 가지 카테고리로 나눠보면 자연스럽게 가장 중요한 일이 무엇인지 깨닫게 된다. 이 도구를 사용한 사람들은 종종 "이제야 진짜 중요한 일에 집중할 수 있게 됐다"고 말한다.

이 책은 시간 관리의 복잡한 이론보다는 실생활에서 쉽게 적용할 수 있는 실용적인 팁들을 중심으로 구성되어 있다. 시간 관리에 처음 도전하는 초보자들이 부담 없이 읽고 따라 할 수 있도록 최대한 간단명료하게 풀어 썼다. 독자들이 이 책을 통해 시간의 진정한 가치를 깨닫고, 하루하루를 더 알차고 보람 있게 만들어 가기를 바란다.

백미르

차 례

3장

우선순위 설정의 기초

〈처음부터 배우는〉 시리즈

"처음부터 배우는" 시리즈는 특정 주제에 대해 막연한 두려움을 가진 초보자와 일반 독자들이 쉽고 명확하게 이해할 수 있도록 기획되었습니다. 처음 접하는 사람들에게 복잡하고 어려운 내용을 친숙하고 간단한 방식으로 풀어내어 학습에 대한 부담을 덜어주고자 했습니다. 이 시리즈는 누구나 쉽게 시작할 수 있도록 구성되었으며, 실생활에서 바로 활용할 수 있는 실용적인 지식과 팁을 제공하여 독자들이 자신감을 가질 수 있도록 돕습니다.

또한, "처음부터 배우는" 시리즈는 초보자들이 핵심 개념을 반복적으로 접하고 이해를 깊이 할 수 있도록 중복된 내용을 일부 포함하고 있습니다. 이는 같은 개념을 여러 번 강조하여 독자들이 중요한 포인트를 놓치지 않고, 핵심적인 내용을 확실히 숙지하도록 돕기 위한 의도입니다.

부제인 "일 잘하는 사람들의 비밀 노트"는 각 분야의 성공적인 사람들이 지식을 활용하고 문제를 해결해 나가는 방식을 비밀 노트처럼 쉽게 설명하고자 하는 의도를 담고 있습니다.

1장

시간 관리의 기본 원리

시간 관리의 중요성

많은 사람들이 하루하루 바쁜 일상을 보내며 '시간이 부족하다'고 느낀다. 할 일은 많고, 주어진 시간은 한정적이니 당연히 그렇게 생각할 수밖에 없다. 하지만 모든 사람에게 하루는 똑같이 24시간이 주어진다. 그러면 왜 어떤 사람은 그 시간을 잘 활용해서 많은 성과를 내는 반면, 다른 사람은 늘 시간이 부족하다고 느낄까? 이 차이는 바로 시간 관리를 어떻게 하느냐에 있다.

시간 관리란 무엇인가?

시간 관리는 주어진 시간 동안 해야 할 일을 효율적으로 배치하고, 우선순위를 설정하여 목표를 달성하는 기술이다. 시간 관리의 핵심은 무엇을 '먼저' 해야 하는지, 무엇이 '중요'한지를 판단하고, 그에 맞게 행동하는 것이다. 많은 사람들이 시간 관리를 단순히 더 열심히 일하는 것이라고 생각하지만, 이는 잘못된 접근이다. 시간 관리는 더 많은 일을 하는 것이 아니라, 더 '의미 있는' 일을 하는 것이다.

왜 시간 관리는 중요한가?

시간 관리는 단순히 업무의 효율을 높이는 것뿐만 아니라, 삶의 전반적인 질을 높이는 데 필수적이다. 다음은 시간 관리가 중요한 몇 가지 이유이다.

1. 성과와 목표 달성

시간 관리를 잘하는 사람은 목표를 설정하고 이를 달성하기 위한 계획을 세운다. 예를 들어, 한 회사원이 다음 주까지 프로젝트를 마무리해야 한다고 하자. 그는 프로젝트의 주요 단계와 소요 시간을 예측하고, 일정을 세워 하루하루의 업무를 관리한다. 이렇게 하면 중간에 갑작스럽게 일이 쌓이거나 마감일에 급하게 일처리를 하는 것을 방지할 수 있다.

2. 스트레스 감소

효율적인 시간 관리는 스트레스를 줄이는 데 큰 역할을 한다. 많은 사람들이 마감 시간이 다가올수록 스트레스를 받는다. 하지만 시간을 잘 관리하여 일을 미리미리 처리하면, 긴박한 상황에 놓일 가능성이 줄어든다. 예를 들어, 시험 준비를 미리 계획하여 차근차근 진

행하는 학생은 시험 전날 밤에 몰아서 공부하는 학생보다 훨씬 덜
긴장할 것이다.

3. 삶의 균형 유지

시간 관리는 개인 생활과 직장 생활 간의 균형을 유지하는 데도
중요하다. 일만 하느라 가족과 보내는 시간을 놓치거나, 취미나 자기
개발에 소홀하게 되면 삶의 질이 떨어질 수 있다. 시간을 잘 관리하
면 직장과 가정, 그리고 자기 계발을 위한 시간을 효과적으로 나눌
수 있다. 예를 들어, 하루 일과가 끝난 후 남은 시간을 가족과 보내거
나, 취미 활동에 사용하면서도 업무를 제대로 마치는 사람이 그렇지
않은 사람보다 더 균형 잡힌 삶을 살 가능성이 크다.

4. 의사결정 능력 향상

시간을 잘 관리하는 사람은 보다 효율적인 의사결정을 내릴 수 있
다. 예를 들어, 매일 아침 시간을 정해 중요한 업무를 처리하고, 오후
에는 덜 중요한 업무를 배정하는 습관을 가진 사람은 긴급한 상황에
서도 빠르게 우선순위를 결정하고 대처할 수 있다. 이는 장기적으로
그 사람의 문제 해결 능력과 의사결정 능력을 향상시킨다.

어떻게 시간 관리를 시작해야 할까?

시간 관리를 처음 시작하는 사람들은 다음의 간단한 단계를 따라

해볼 수 있다.

1. 목표 설정

먼저, 무엇을 이루고 싶은지 명확하게 설정한다. 예를 들어, '한 달 안에 영어 시험 준비 완료하기'와 같이 구체적이고 측정 가능한 목표를 세운다.

2. 우선순위 결정

모든 일을 동일한 시간에 할 수 없으므로, 중요도와 긴급도를 기준으로 우선순위를 정한다. 예를 들어, '내일까지 제출해야 할 보고서'가 '다음 주까지 준비할 회의 자료'보다 우선순위가 높다.

3. 계획 세우기

목표와 우선순위가 정해졌다면, 구체적인 계획을 세운다. 하루 단위, 주 단위로 계획을 나누고, 언제 무엇을 할 것인지 명확히 한다. 예를 들어, 아침 시간을 활용해 집중해야 할 중요한 일을 먼저 처리하고, 오후 시간은 회의나 이메일 답변과 같은 비교적 가벼운 업무에 할당한다.

4. 실천과 점검

계획한 대로 실천하면서 주기적으로 점검하고 조정한다. 계획과 실제 업무 수행 사이의 차이를 확인하고, 더 나은 방법을 찾아 지속적으로 개선한다.

시간 관리는 단순히 더 열심히 일하는 것이 아니라, 더 '의미 있게' 일하는 것이다. 시간을 효과적으로 관리하면 성과와 행복을 동시에 얻을 수 있다. 이제부터 작은 습관 하나씩 시작해보자. 매일 5분만 투자해서 하루를 계획하고, 우선순위를 정하는 연습을 하면 그 변화는 어느새 일상 속에서 눈에 띄게 될 것이다.

02

시간 관리에서 흔히 하는 실수

시간 관리를 처음 시작하는 사람들, 특히 초보자들이 흔히 범하는 실수들이 있다. 이런 실수들을 피하는 것이 효과적인 시간 관리의 첫 걸음이 될 수 있다. 아래에서는 시간 관리에서 흔히 하는 실수와 그 해결 방법을 구체적으로 다룬다.

1. 계획 없이 하루를 시작하기

많은 사람들은 하루의 계획 없이 아침을 시작한다. "일단 일을 시작하고 나중에 계획을 세우지"라고 생각하기 쉽지만, 이는 비효율적인 방법이다. 계획이 없으면 어떤 일을 먼저 해야 할지 몰라 우왕좌왕하게 되고, 결국 긴급하지 않은 일에 시간을 허비하거나 중요한 일을 놓치게 될 수 있다.

〈해결 방법〉

하루를 시작하기 전에 반드시 계획을 세워라. 하루를 시작하기 전에 10분만 투자해 그날 해야 할 일들을 목록으로 작성하고, 우선순위를 정한다. 아침 일찍이나 전날 저녁 시간을 활용해 다음 날의 주요 목표를 정해두면 더 체계적으로 시간을 관리할 수 있다. 예를 들어, 전날 저녁에 "내일은 오전에 보고서 작성, 오후에는 회의 준비"와 같이 간단한 계획을 세워보자.

2. 모든 일을 다 하려고 하는 것

초보자들이 자주 범하는 또 다른 실수는 모든 일을 다 하려고 하는 것이다. 자신이 처리할 수 있는 일보다 훨씬 많은 일을 계획에 넣거나, 중요하지 않은 일에도 많은 시간을 투자한다. 이렇게 하면 정작 중요한 일에는 시간이 부족해지고, 결국 스트레스를 받고 지치게 된다.

〈해결 방법〉

우선순위를 정하고 집중하라. 모든 일을 다 할 수는 없다. 해야 할 일을 '중요하고 긴급한 일', '중요하지만 긴급하지 않은 일', '긴급하지만 중요하지 않은 일', '긴급하지도 중요하지도 않은 일'로 분류하는 방법 〈아이젠하워 매트릭스〉을 사용해보자. 중요한 일에 먼저 집중하고, 중요하지 않은 일은 과감히 미루거나 다른 사람에게 위임하는 것도 방법이다. 예를 들어, 하루의 시작을 중요한 일부터 처리하는 데 집중하고, 덜 중요한 일은 그 후로 미루는 식이다.

3. 쉬는 시간 없이 계속 일하기

효율성을 높이기 위해 쉬지 않고 계속 일하는 것이 좋다고 생각하는 사람들이 많다. 그러나 이는 오히려 생산성을 떨어뜨릴 수 있다. 쉬는 시간을 갖지 않으면 피로가 쌓여 집중력이 떨어지고, 실수할 가능성이 커진다. 이는 결국 더 많은 시간을 낭비하게 만든다.

〈해결 방법〉

적절한 휴식 시간을 설정하라. 뇌가 집중력을 유지하기 위해서는 주기적인 휴식이 필요하다. 예를 들어, '포모도로 기법(Pomodoro Technique)'을 사용해 25분간 집중해서 일하고 5분간 휴식을 취하는 식으로 주기적인 휴식 시간을 갖는 것이 좋다. 이 방법을 사용하면 뇌가 짧은 시간 동안 높은 집중력을 유지할 수 있고, 작업 효율이 높아진다.

4. 한 번에 여러 일을 처리하려고 시도하기

많은 사람들이 여러 가지 일을 동시에 처리하려고 한다. 예를 들어, 이메일을 작성하면서 회의 자료를 준비하거나, 전화 통화를 하면서 메모를 작성하는 식이다. 그러나 멀티태스킹은 오히려 시간 낭비를 초래할 수 있다. 연구에 따르면, 여러 가지 일을 동시에 하려 할 때 오히려 집중력이 분산되고 실수가 증가하게 된다.

〈해결 방법〉

한 번에 한 가지 일에 집중하라. 멀티태스킹을 피하고, 한 가지 일에 집중해 완전히 끝낸 후 다음 일로 넘어가는 것이 더 효율적이다. 예를 들어, 이메일을 확인하고 답변하는 시간을 일정하게 정해두고, 그 외 시간에는 다른 업무에만 집중하는 식이다. 이렇게 하면 더 깊이 있는 집중을 유지할 수 있고, 업무의 질도 높일 수 있다.

5. 시간을 측정하지 않기

자신이 실제로 얼마나 많은 시간을 특정 작업에 사용하는지 모르는 경우가 많다. "이 일은 금방 끝나겠지"라고 생각하며 시작한 일이 생각보다 훨씬 오래 걸리거나, 반복적으로 시간을 초과하여 마감일에 쫓기는 경우가 발생한다.

〈해결 방법〉

작업 시간을 측정하고 기록하라. 타이머를 사용하여 특정 작업에 얼마나 많은 시간이 걸리는지 측정하고 기록하는 습관을 들인다. 이를 통해 자신이 어떤 일에 시간을 낭비하고 있는지 파악하고, 더 효율적으로 시간을 배분할 수 있다. 예를 들어, 이메일 확인에 매일 30

분 이상을 소비한다면, 시간을 절약할 방법을 찾는 것이 좋다.

실수는 배움의 기회다

시간 관리에서 흔히 하는 실수들을 이해하고 피하는 것은 더 나은 시간 관리로 가는 첫걸음이다. 모든 실수는 새로운 배움의 기회가 될 수 있다. 중요한 것은 실수를 깨닫고, 개선하려는 의지를 갖는 것이다. 이 책에서는 시간 관리의 기본 원칙을 배우고 실수에서 벗어나는 방법을 하나씩 다루며, 독자가 자신의 삶을 더욱 효과적으로 관리할 수 있도록 돕고자 한다. 시간을 더 잘 관리하는 습관을 하나씩 익히다 보면, 어느새 그 변화는 일상 속에서 분명하게 나타날 것이다.

시간 관리의 주요 원칙

시간 관리는 단순히 해야 할 일을 체크리스트에 적어두고 순서대로 처리하는 것만을 의미하지 않는다. 효과적인 시간 관리를 위해서는 몇 가지 중요한 원칙을 이해하고 실천해야 한다. 시간 관리의 전문가들이 자주 추천하는 주요 원칙들은 초보자들이 시간 관리를 더 잘할 수 있도록 돕는다.

1. 목표 설정의 원칙 : SMART 목표 세우기

시간 관리를 잘하기 위해서는 명확한 목표 설정이 필수적이다. 여기서 목표는 막연하게 '열심히 일하기'보다는 구체적이고 측정 가능해야 한다. 가장 많이 사용되는 방법이 바로 SMART 목표 설정이다. SMART는 Specific(구체적), Measurable(측정 가능), Achievable(달성 가능), Relevant(관련성 있는), Time-bound(시간 제한 있는)의 약자다.

예를 들어, '더 많은 책을 읽기'라는 목표보다는 '다음 달까지 자기 계발서 3권을 읽고 독서 노트를 작성하기'처럼 구체적이고 측정 가능한 목표를 세우는 것이 좋다. 이렇게 하면 목표가 명확해지고, 그에 맞춰 계획을 세우고 시간을 배분할 수 있다.

2. 우선순위 설정의 원칙 : 파레토 법칙과 아이젠하워 매트릭스 활용

시간을 효율적으로 관리하려면 우선순위를 올바르게 정하는 것이 중요하다. 여기서 유용한 방법이 파레토 법칙(80/20 법칙)과 아이젠하워 매트릭스다.

- 파레토 법칙은 전체 결과의 80%가 전체 노력의 20%에서 나온다는 이론이다. 이 법칙을 시간 관리에 적용하면, 가장 중요한 20%의 일에 집중하는 것이 생산성을 극대화할 수 있다는 의미가 된다.
- 아이젠하워 매트릭스는 일을 중요도와 긴급도를 기준으로 네 가지로 구분한다.

  1. 긴급하고 중요한 일
  2. 긴급하지 않지만 중요한 일
  3. 긴급하지만 중요하지 않은 일
  4. 긴급하지도 중요하지도 않은 일

하루 일과를 시작할 때 모든 일을 네 가지로 분류하여 계획을 세우면, 우선순위에 따라 가장 중요한 일부터 처리할 수 있다. 예를 들어, 고객 회의 준비와 같은 긴급하고 중요한 일을 가장 먼저 처리하고, 업무 보고서 작성과 같은 긴급하지 않지만 중요한 일을 그다음으로 배치할 수 있다.

3. 계획과 실행의 원칙 : 포모도로 기법 활용

일을 효율적으로 처리하려면 계획뿐만 아니라 실행도 중요하다. 포모도로 기법은 시간 관리를 돕기 위해 개발된 간단한 방법으로, 25분 동안 집중해서 일을 하고, 5분간 휴식하는 과정을 반복하는 것이다. 이 방법은 긴 시간 동안 집중력을 유지하기 어려운 사람들에게 특히 효과적이다.

예를 들어, 하루 동안 4번의 포모도로 세션을 사용해 2시간 동안 집중해서 일을 하고, 그 후에 긴 휴식을 취하는 방식으로 작업 일정을 짤 수 있다. 이를 통해 집중력을 높이고 업무 효율을 향상시킬 수 있다.

4. 일상 습관의 원칙 : 작은 습관부터 시작하기

시간 관리의 핵심은 대규모의 변화를 한꺼번에 시도하는 것이 아니라, 작은 습관을 하나씩 바꾸는 데 있다. 예를 들어, 매일 아침 10분 동안 오늘의 일정을 계획하는 습관을 들이는 것만으로도 큰 차이를 만들 수 있다. 이러한 작은 변화는 꾸준히 지속될 때 장기적으로 큰 성과를 가져온다.

매일 아침 책상 앞에 앉아 오늘의 가장 중요한 3가지 일을 메모지에 적고, 이를 우선순위에 따라 처리하는 습관을 들여보자. 작은 행동부터 시작하여 점차적으로 더 큰 목표와 계획을 실천해 나갈 수 있다.

5. 평가와 피드백의 원칙 : 주기적인 점검과 수정

시간 관리는 정해진 계획을 단순히 따르는 것이 아니라, 주기적으로 자신의 시간 사용 방식을 점검하고 필요한 부분을 수정하는 과정이 필요하다. 일주일에 한 번이나 매달 한 번, 자신이 설정한 목표와 실제 성과를 비교하고 어떤 부분에서 개선이 필요한지 평가하는 것이다.

매주 금요일마다 이번 주의 일정을 검토하고, 목표한 작업이 얼마나 완료되었는지, 어떤 일에 더 많은 시간이 걸렸는지 기록해보자. 이를 통해 다음 주에 더 효과적인 시간 관리 방법을 찾고 수정할 수 있다.

시간 관리의 원칙을 일상에 적용하자

시간 관리는 단순한 기법이나 도구만으로 해결되지 않는다. 시간 관리를 위한 주요 원칙들을 이해하고, 이를 일상 속에서 꾸준히 실천하는 것이 중요하다. 목표를 명확히 하고, 우선순위를 설정하며,

작은 습관부터 시작해 점차적으로 더 큰 성과를 이루는 과정을 통해, 우리는 한정된 시간을 더 가치 있게 사용할 수 있다. 시간을 잘 관리하는 사람은 더 많은 성과를 내고, 더 많은 여유를 누릴 수 있다. 이제 이 원칙들을 하나씩 실천하며, 나만의 시간 관리 습관을 만들어보자.

목표 설정과 시간 관리의 연관성

목표 설정과 시간 관리는 매우 긴밀하게 연결되어 있다. 시간 관리를 잘하기 위해서는 목표가 명확해야 하고, 반대로 목표를 효과적으로 이루기 위해서는 시간을 잘 관리하는 습관이 필요하다. 목표는 단순히 이루고자 하는 바람이나 꿈이 아니라 구체적이고 측정 가능한 형태로 설정될 때 실질적인 성과를 낼 수 있다. 이를 통해 목표는 단순히 시간을 채우기 위한 일의 나열이 아닌, 시간을 효율적으로 활용하게 하는 강력한 동기부여 요소가 된다.

1. 목표가 시간 관리에 미치는 영향

목표가 없으면 사람들은 흔히 하루하루를 그날의 긴급한 일에만 반응하며 살아가게 된다. 이는 결국 중요한 일을 미루고, 긴급하지 않지만 중요한 일들을 소홀히 하게 만든다. 명확한 목표가 설정된 경우

하루 일과나 일주일, 한 달의 일정이 더욱 의미 있게 다가온다. 목표가 명확하면 어떤 일을 해야 할지, 어떤 순서로 해야 할지, 어디에 집중해야 하는지 쉽게 파악할 수 있어 시간 낭비가 줄어들고, 생산성이 크게 향상된다.

예를 들어, 직장에서 "프로젝트 성공"이라는 장기 목표가 있다고 하자. 이 목표를 중심으로 계획을 세우면, 단기적인 업무와 일정을 정할 때 목표 달성에 필요한 요소들을 우선적으로 배치할 수 있다. 또 다른 예로 개인적으로 "건강 유지"라는 목표가 있다면, 매일 운동 시간이나 건강식을 준비하는 시간 등을 우선순위에 두게 된다. 이처럼 목표가 없으면 하루하루를 그저 무작정 바쁘게만 지내게 되는 경우가 많지만, 목표가 명확하면 자신의 시간 관리 방식을 꾸준히 조정할 수 있다.

2. 목표 설정과 시간 관리의 상호작용

목표는 장기적, 중기적, 단기적인 단계로 나누어 설정할 수 있다. 장기 목표는 앞으로 나아갈 큰 방향을 제시하고, 중기 목표는 이를 이루기 위해 중간 과정에서 달성해야 하는 지점을 설정해준다. 단기 목표는 이를 실질적으로 실행할 수 있도록 일상에서 필요한 구체적인 행동을 정리해 준다. 예를 들어, "1년 내 자격증 취득"이라는 장기 목표가 있다면, 중기적으로는 "매달 자격증 시험 대비 문제집 한 권 끝내기"와 같은 목표를 설정할 수 있다. 단기적으로는 "매일 1시간씩 자격증 공부하기" 같은 구체적인 계획을 세워, 일상 속에서 목표를 이루기 위한 계획을 세밀하게 관리할 수 있다.

이와 같은 방식으로 장기, 중기, 단기 목표가 서로 유기적으로 작용할 때 시간 관리가 체계적으로 이루어지며, 큰 목표를 이루기 위한 과정도 덜 부담스럽게 다가온다. 일상 속에서 작고 구체적인 단기 목표를 달성하며 중기 목표로 나아가고, 결국 장기 목표를 이루게 된다. 목표가 구체적일수록 시간 관리도 쉬워지고, 그 결과를 달성할 가능성 또한 높아진다.

3. 목표 달성과 시간 관리의 실천 방법

목표 설정과 시간 관리는 실제로 꾸준히 실천하면서 배워야 한다. 처음부터 완벽하게 시간 관리를 할 수는 없으므로 작은 목표부터 설정하고, 이를 이루기 위한 일일 계획을 세우는 방식으로 점진적으로 접근하는 것이 좋다. 예를 들어, 큰 목표를 세우기보다는 매일 할 수 있는 소소한 일들을 계획하고 실천해 나가는 것이다. 이처럼 작고 실현 가능한 목표를 설정하고, 이를 매일 성취해 나가면서 성취감과 자신감을 쌓아가다 보면 더 큰 목표도 자연스럽게 이룰 수 있게 된다.

또한, 일정을 세울 때 너무 타이트하게 계획하지 않는 것이 중요하다. 목표를 이루기 위해 지나치게 무리한 일정을 세우면, 오히려 피로와 스트레스가 쌓여 목표를 향해 가는 동력이 줄어들게 된다. 현실적으로 가능한 범위 내에서 일정을 조정하고, 예상치 못한 일에 대비할 여유 시간을 확보해 두는 것이 장기적인 시간 관리에 도움이 된다.

4. 목표 설정 후 평가와 조정의 중요성

목표를 설정하고 실천한 후에는 그 결과를 평가하고 필요에 따라 조정하는 과정이 필요하다. 계획한 대로 일이 잘 진행되고 있는지, 목표 달성에 진전이 있는지를 주기적으로 확인해야 한다. 만약 목표 달성에 차질이 생겼다면 원인을 분석하고 계획을 조정하여 시간 관리의 효율성을 높일 수 있다.

예를 들어, 한 달 동안 목표했던 책 3권 읽기가 어려웠다면, 하루에 할당한 독서 시간이 너무 짧았던 것은 아닌지, 더 여유로운 시간대를 배정해야 하는 것은 아닌지 등을 분석할 수 있다. 이러한 과정은 목표를 보다 현실적이고 구체적으로 조정할 수 있게 해준다. 또한, 목표를 수정하는 과정은 그 자체로도 의미가 있다. 실패를 통해 자신의 시간 관리 방식을 재점검하고, 개선할 수 있는 기회를 얻을 수 있기 때문이다.

5. 목표를 통해 삶의 방향성과 시간 관리의 습관 형성하기

목표는 단순히 단기적인 성과만이 아니라, 장기적인 삶의 방향성과 연관된다. 목표를 설정하고 이를 이루기 위해 시간을 계획하고 사용하는 과정에서, 더 나은 시간 관리 습관이 형성된다. 이는 단순히 하루 일과나 한 주의 일정에 국한되지 않고, 장기적인 삶의 방식에 영향을 미친다. 목표를 설정하고, 이를 달성해 나가는 과정은 시간의 소중함을 깨닫게 하고, 자신의 삶을 능동적으로 관리하는 태도를 키워준다.

목표와 시간 관리의 관계는 서로에게 긍정적인 영향을 미치는 상호작용이다. 목표는 시간을 효율적으로 활용할 수 있게 도와주고, 시간 관리는 목표를 보다 효과적으로 이룰 수 있도록 돕는다. 이런 상호작용을 이해하고 실천하다 보면, 시간 관리는 단순히 일정 관리에 그치지 않고 삶을 보다 주도적으로 이끌어나가는 중요한 수단이 된다.

목표 설정과 시간 관리의 연관성을 깊이 이해하고 이를 실제로 적용해 나갈 때, 개인은 더욱 성장할 수 있다. 목표가 없던 때와 달리 시간의 흐름 속에서 계획적이고 주도적인 삶을 살 수 있게 된다.

올바른 시간 관리 습관 형성하기

시간 관리는 단순히 하루나 일주일의 계획을 세우는 데서 끝나지 않는다. 진정한 시간 관리의 핵심은 장기적으로 지속 가능한 올바른 습관을 형성하는 데 있다. 올바른 시간 관리 습관은 개인의 삶을 더 체계적이고 생산적으로 만드는 데 중요한 역할을 한다. 아래에서는 시간 관리 습관을 형성하기 위해 필요한 원칙, 방법, 그리고 실천 사례를 다룬다.

1. 시간 관리 습관의 중요성

습관은 우리의 행동과 시간을 사용하는 방식을 결정짓는 중요한 요인이다. 올바른 습관이 자리 잡으면 매일 시간을 관리하기 위해 에너지를 따로 소모하지 않아도 자연스럽게 효율적인 행동이 이어진다. 반면, 잘못된 습관이 지속되면 시간을 낭비하고, 스트레스와 비효율적인 삶으로 이어질 수 있다.

예를 들어, 하루를 시작하며 시간을 계획하는 습관을 가진 사람은 일을 시작하기 전에 우선순위를 정하고, 중요한 일부터 처리하며 하루를 체계적으로 보낼 가능성이 높다. 반면, 계획 없이 바로 일을 시작하는 습관이 있는 사람은 긴급하지 않은 일에 시간을 허비하거나 중요한 일을 놓칠 가능성이 커진다.

습관은 단기적인 목표뿐만 아니라 장기적인 성과에도 영향을 미친다. 따라서 올바른 시간 관리 습관을 형성하는 것은 단지 하루의 효율성을 높이는 것을 넘어, 삶의 전반적인 질을 높이는 데 기여한다.

2. 올바른 시간 관리 습관을 위한 기본 원칙

효율적인 시간 관리 습관을 형성하려면 다음과 같은 기본 원칙을 따르는 것이 중요하다.

1) 구체적인 목표 설정

명확한 목표는 올바른 습관을 형성하는 데 중요한 출발점이다. 목표가 없으면 습관 형성의 방향성도 잃게 된다. 예를 들어, "매일 30분씩 책 읽기"와 같은 구체적인 목표를 설정하면, 이를 실천하기 위한 습관을 만들어나가기 쉽다.

2) 작은 단계부터 시작하기

큰 변화를 한 번에 이루려고 하면 실패로 이어질 가능성이 높다. 작은 변화부터 시작해 점차 습관을 확장해 나가는 것이 효과적이다. 예를 들어, "매일 10분 동안 오늘을 정리하고 내일의 계획을 세운다"는 간단한 습관부터 시작할 수 있다. 이를 통해 점차 하루의 주요 목표를 설정하고, 구체적으로 일과를 계획하는 습관으로 발전시킬 수 있다.

3) 일관성 유지

습관은 꾸준히 반복해야 형성된다. 처음에는 의식적으로 노력해야 하지만, 시간이 지남에 따라 반복적인 행동은 무의식적으로 실행되기 시작한다. 매일 같은 시간에 같은 행동을 반복하면 습관으로 자리 잡을 가능성이 높아진다.

4) 스스로에게 동기 부여하기

습관을 유지하기 위해서는 동기 부여가 필수적이다. 습관이 가져다 줄 긍정적인 결과를 상상하거나, 작은 성공 경험을 통해 성취감을 느끼는 것이 도움이 된다. 예를 들어, 매일 일정 관리 앱에 체크리스트를 완성하며 "완료" 표시를 보는 것만으로도 동기 부여가 될 수 있다.

3. 시간 관리 습관 형성을 위한 실천 방법

1) 하루 계획 세우기 습관

하루를 시작하기 전에 계획을 세우는 습관은 시간 관리의 기본이다. 계획은 단순한 목록 작성이 아니라, 그날의 우선순위를 정하고, 각 작업에 필요한 시간을 배정하는 과정을 포함한다. 예를 들어, 매일 아침 10분 동안 하루의 주요 목표를 설정하고, 이를 달성하기 위해 필요한 작업들을 정리하는 것으로 시작할 수 있다.

2) 우선순위 설정 습관

모든 일이 동일한 가치를 지니는 것은 아니다. 중요한 일과 긴급한 일을 구분하고, 중요한 일부터 처리하는 습관을 들이는 것이 중요하다. 이를 위해 아이젠하워 매트릭스를 활용하거나, '가장 어려운 일부터 시작하기' 원칙을 적용할 수 있다. 예를 들어, 하루의 가장 에너지가 높은 시간대에 중요한 일을 처리하고, 덜 중요한 일은 그 이후로 미루는 방식이다.

3) 시간 추적 습관

자신이 시간을 어떻게 사용하는지 추적하는 습관은 매우 유용하다. 타이머나 앱을 사용해 각 작업에 소요되는 시간을 기록하면, 자신의 시간 사용 패턴을 분석하고, 비효율적인 부분을 개선할 수 있다. 예를 들어, 하루 동안 이메일 확인에 얼마나 많은 시간을 쓰는지 확인해보고, 이를 줄이는 방법을 찾는 것이 그 사례다.

4. 올바른 시간 관리 습관이 가져오는 변화

올바른 시간 관리 습관은 개인의 삶에 큰 변화를 가져온다. 우선, 시간 낭비가 줄어들고 중요한 일에 집중할 수 있게 된다. 또한, 체계적인 삶의 방식을 통해 스트레스가 줄고, 전반적인 삶의 만족도가 향상된다. 궁극적으로 올바른 습관은 삶의 질을 높이고, 목표를 보다 효과적으로 달성할 수 있는 기반이 된다.

시간 관리 습관 형성은 단기간에 완성되지 않는다. 꾸준히 노력하고, 실패를 두려워하지 않으며, 작은 성공을 축적해 나가는 과정이 중요하다. 이러한 과정을 통해 올바른 습관이 자연스럽게 자리 잡을 수 있으며, 이는 더 큰 성과와 만족으로 이어질 것이다.

2장

실생활 속 시간 관리 사례

5분이면 충분! 정리의 힘으로 하루를 시작하다

아침에 책상이 어질러져 있으면, 이미 하루의 시작부터 기운이 빠지는 느낌이 들 때가 있다. 이는 단순히 기분 탓이 아니다. 정리되지 않은 환경은 뇌를 산만하게 만들어 집중력을 떨어뜨리고, 업무 시작 전부터 피로감을 느끼게 한다. 하지만 하루 단 5분만 투자해 책상을 정리하면 이런 상황을 완전히 바꿀 수 있다.

왜 책상 정리가 중요할까?

책상이 정리되지 않으면 뇌는 지속적으로 불필요한 정보를 처리하려고 한다. 정리된 환경은 뇌에 질서를 제공해 집중력을 높이고 스트레스를 줄인다. 또 깔끔한 책상은 오늘 할 일에만 집중할 수 있게 만들어준다.

예를 들어, 서류 더미 속에서 필요한 문서를 찾는 데 매일 10분씩 허비한다고 가정해보자. 일주일이면 50분, 한 달이면 200분이다. 이 시간을 아껴 더 중요한 일에 쓰면 얼마나 효율적일까?

5분 정리법 : 쉽게 따라 할 수 있는 단계

1. 눈앞에 필요한 것만 남기기

아침에 책상 위를 살펴보고, 오늘 사용할 물건만 남긴다. 어제 마신 커피잔이나 쓰지 않는 펜 같은 것들은 과감히 치우자.

- 예 : 오늘 사용할 노트북, 다이어리, 펜 하나만 책상 위에 두기.

2. 서류를 분류하기

책상 위 서류를 "긴급", "오늘 필요", "보관"으로 나누어 파일이나 서랍에 정리한다.

- 팁 : 파일 폴더를 색깔별로 사용하면 정리 효과가 두 배로 느껴진다.

3. 디지털 정리도 포함하기

책상만 정리하지 말고, 컴퓨터 데스크톱의 파일이나 이메일 받은 편지함도 정리하자. 쓰지 않는 파일은 삭제하고, 자주 사용하는 폴더는 한눈에 보이게 배치하면 훨씬 효율적이다.

정리의 효과

하루를 정리로 시작하면 작은 성취감을 느낄 수 있다. 이는 자연스럽게 자신감을 높이고, 업무에 대한 집중력으로 이어진다. 정리 습관을 들인 사람들은 "정리된 책상은 정리된 마음을 만든다"는 말을 실감하게 된다. 지금 바로 5분을 투자해 책상을 정리해보자. 그날 하루가 훨씬 가볍고 상쾌하게 느껴질 것이다.

월요병 탈출! 아침 1시간의 기적

월요일 아침, 침대에서 겨우 몸을 일으키며 "또 한 주가 시작됐구나."
라는 생각을 해본 적이 있다면, 월요병이 익숙할 것이다. 하지만 월요
일 아침 첫 1시간을 제대로 활용하면 이 지긋지긋한 월요병에서 벗어
날 수 있다. 오히려 새로운 한 주가 기대되는 날로 바뀔지도 모른다!

왜 월요일 아침 1시간이 중요한가?

월요일은 한 주의 첫 단추다. 이 단추를 잘 끼우면 나머지 주도 자
연스럽게 정돈된다. 특히 월요일 아침은 일주일 계획을 세우기에 최
적의 시간이다. 주말 동안 머릿속이 비워졌기 때문에 새로운 아이디
어와 목표를 세우기 쉽고, 이 시간에 계획한 일은 나머지 주의 성과
에 직접적인 영향을 준다.

월요일 아침 1시간을 활용하는 3단계

1. 15분 : 지난주 돌아보기

지난주에 했던 일들을 간단히 리뷰해보자. 성공했던 일, 미완성된 일, 더 개선할 수 있었던 일을 정리하면 이번 주에 무엇을 더 잘해야 할지 명확해진다.

- 팁 : 다이어리나 노트를 활용해 '성공 리스트'와 '개선 리스트'를 만들어보자. 예를 들어, "보고서 작성 마감일을 지켰다!"는 성공 리스트에, "메일 답변이 늦었다"는 개선 리스트에 적는다.

2. 30분 : 이번 주 우선순위 정하기

가장 중요한 3가지 목표를 정해보자. 우선순위를 세우는 건 목표를 달성하는 첫걸음이다.

- 예시 : "이번 주에는 팀 프로젝트 마무리, 고객 프레젠테이션 준비, 개인 독서 2시간 확보"처럼 명확한 목표를 적는다.
- 도구 활용 : 디지털 캘린더에 주요 일정을 입력하고, 알림을 설정해 놓는다.

3. 15분 : 월요일만의 특별한 루틴 만들기

월요일 아침에 자신만의 특별한 루틴을 만들어보자. 이 루틴은 기분 좋은 출발을 도와준다. 예를 들어, 아침에 좋아하는 음악을 들으

며 커피를 마시거나, 간단한 스트레칭으로 몸을 깨우는 시간을 가져
보자.

- 아이디어 : "긍정적인 마음가짐을 위한 짧은 명상"도 추천한다.
  5분만 투자해도 한 주를 여유롭게 시작할 수 있다.

월요일 아침 1시간의 효과

월요일 아침을 효과적으로 시작하면 다음과 같은 변화가 생긴다.

- 한 주의 방향이 명확해진다 : 목표와 계획이 구체적이기 때문에
  하루하루 헤매지 않고 생산적으로 보낼 수 있다.
- 자신감이 생긴다 : 계획을 세우는 것만으로도 "내가 이 한 주를
  컨트롤하고 있다"는 느낌을 준다.
- 월요병이 사라진다 : 월요일이 부담이 아닌 기회의 날로 바뀐다.

"월요병 탈출" 성공 사례

한 직장인은 매주 월요일 아침을 "일주일 계획 세우기" 시간으로
정해두었다. 그는 첫 1시간 동안 다이어리에 목표를 적고, 이번 주에
꼭 해야 할 3가지 일을 캘린더에 기록했다. 또한, 매주 월요일마다 자
신이 좋아하는 카페에서 10분간 커피를 즐기는 시간을 추가했다.

결과적으로, 그는 월요일이 무겁게 느껴지지 않았고, 한 주를 가볍
게 시작할 수 있었다. 그의 생산성은 높아졌고, 동료들에게도 긍정적

인 영향을 끼쳤다.

월요병 탈출, 지금부터 시작하자!

월요일 아침 1시간은 단순히 '준비'가 아닌 '투자'다. 이 시간을 제대로 활용하면 한 주의 방향과 에너지가 완전히 달라질 것이다. 커피 한 잔과 함께 여유롭게 계획을 세우며 새로운 한 주를 환영해보자. 월요병? 이제는 잊어도 좋다!

03

아침 10분, 나를 돌아보는 시간

아침에 일어나 하루를 시작하기 전에 어제의 나를 잠깐 돌아본다면 어떨까? "내가 어제 제대로 시간을 썼을까?", "이 부분은 좀 더 잘할 수 있었는데."라고 스스로에게 질문하는 시간이다. 이 간단한 10분이 하루를 훨씬 더 알차게 만들 수 있다.

왜 '아침 10분 돌아보기'가 중요할까?

어제를 돌아보는 시간은 단순히 반성에 그치지 않는다. 이를 통해 현재의 방향을 점검하고 더 나은 선택을 할 수 있는 기회를 준다. 어제의 실수를 깨닫고 오늘 바로잡을 수 있다면, 하루하루가 조금씩 더 나아지는 효과를 누릴 수 있다.

예를 들어, 어제 계획했던 일을 미뤘다면 "왜 미뤘지?"를 생각해보고, 오늘은 그 원인을 제거하는 데 집중해보는 것이다.

아침 10분 돌아보기, 이렇게 하면 된다

1. 3가지 질문으로 시작하기

간단한 질문 몇 가지를 통해 어제의 일을 점검한다.

- 어제 잘했던 점은? : 나 자신을 칭찬하는 시간을 갖는다.(예 : "회의 발표를 잘 준비했어.")
- 어제 부족했던 점은? : 반성하며 개선할 점을 찾는다.(예 : "메일 답장을 바로 못 했네.")
- 오늘 꼭 해야 할 중요한 일은? : 어제의 흐름을 반영해 오늘의 목표를 세운다.(예 : "밀린 메일을 오전 중에 처리하자.")

2. 간단한 기록 남기기

생각한 내용을 간단히 메모한다. 너무 거창하게 쓰려고 하지 말고, 키워드만 적어도 충분하다.(예 : "어제 발표 OK, 메일 처리 부족, 오늘 오전 메일 집중.")

3. 긍정적인 마음가짐으로 마무리하기

"오늘은 더 나은 하루를 만들겠다"는 마음가짐으로 돌아보는 시간을 마무리한다. 간단한 명상을 곁들여도 좋다.

아침 10분의 효과는?

1. 자기 통찰력 향상

하루를 돌아보며 스스로를 객관적으로 바라볼 수 있는 능력이 길러진다.

2. 실수에서 배우는 힘

반성의 시간을 통해 같은 실수를 반복하지 않게 된다.

3. 명확한 목표 설정

어제를 기준으로 오늘 해야 할 일을 정하니 계획이 더 구체적이고 실현 가능해진다.

"아침 10분" 습관의 실제 사례

한 회사원은 매일 아침 10분 동안 다이어리에 어제의 행동을 간단히 기록했다. 예를 들어, "보고서 완성 OK, 팀원과의 소통 부족"처럼 적고, 오늘의 개선 목표를 정했다. 결과적으로, 그는 시간이 지날수록 업무 능력이 향상되고 자신감이 커졌다고 한다.

오늘 바로 시작해보자!

아침 10분은 하루 중 가장 작지만, 가장 중요한 투자일 수 있다. 어제의 나와 대화를 나누고, 오늘의 나를 위한 방향을 설정하는 이 간단한 습관은 당신의 하루를 더 의미 있게 만들어 줄 것이다. 내일 아침, 커피 한 잔과 함께 나를 돌아보는 시간을 가져보는 건 어떨까?

내 시간을 찾아라! 기록으로 업무를 읽다

"내가 하루를 어떻게 보내고 있는지 정말 알고 있을까?" 이런 질문을 해본 적이 있는가? 바쁘게 움직이지만 막상 하루를 돌아보면, 무엇을 했는지 기억나지 않을 때가 많다. 그렇다면, 하루 일과를 기록하며 내 시간을 점검해보는 것은 어떨까? 단순히 메모하는 습관 하나만으로도, 놀라운 효율을 경험할 수 있다.

왜 시간 기록이 필요할까?

시간은 눈에 보이지 않기 때문에 흐르는 대로 흘려보내기 쉽다. 하지만 하루를 기록하면, 내가 어디에 시간을 쓰고 있는지 명확히 알 수 있다. 이렇게 시간의 흐름을 '눈으로 보는 데이터'로 바꿔 놓으면, 시간 낭비를 줄이고 효율성을 극대화할 수 있다.

예를 들어, 하루 중 이메일 확인에만 2시간을 썼다는 것을 기록을 통해 알게 되면, "정말 필요한 일에만 이메일을 확인해야겠다"고 개선할 수 있다.

시간 기록, 이렇게 하면 된다

1. 처음엔 간단히 시작하자

하루의 모든 일을 기록하려고 하면 금방 지치기 쉽다. 처음에는 주요 활동만 기록해보자.

- 예 : "8:00~9:00 - 출근 준비", "9:00~11:00 - 회의", "12:00~13:00 - 점심".

2. 시간 기록 앱을 활용하자

손으로 적는 게 번거롭다면, 디지털 도구를 활용하면 된다. RescueTime, Toggl 같은 시간 추적 앱은 자동으로 시간 사용 패턴을 기록해준다.

- 팁 : 기록된 데이터를 매주 한 번 확인하면서 어떤 부분에서 개선이 필요한지 점검하자.

3. 분석하고 행동으로 옮기자

단순히 기록만 해서는 소용이 없다. 데이터를 분석해 개선점을 찾아보자.

- 예 : "하루 1시간을 소셜 미디어에 쓰고 있었네. 이 시간을 줄이면 독서에 더 투자할 수 있겠다."

시간 기록이 주는 놀라운 효과

1. 시간 낭비를 줄인다

기록을 통해 "내가 너무 많은 시간을 이 일에 쓰고 있구나"를 깨닫게 된다. 이를 바탕으로 불필요한 시간을 줄일 수 있다.

2. 우선순위가 명확해진다

어떤 일이 나에게 중요한지, 그리고 실제로 중요한 일에 얼마나 시간을 투자하고 있는지를 비교할 수 있다.

3. 성과를 눈으로 확인한다

"내가 하루 동안 이만큼 해냈구나!"라는 성취감을 느낄 수 있다. 이는 동기부여에도 큰 도움이 된다.

"내 시간을 찾아라" 실제 사례

한 학생은 매일 공부에 집중한다고 느꼈지만, 실제로는 소셜 미디어와 게임에 많은 시간을 쓰고 있었다. 하루 일과를 기록한 뒤, 소셜 미디어 사용 시간을 줄이고 그 시간을 학습에 투자했다. 그 결과, 그는 성적이 눈에 띄게 오르고, 자기 관리 능력도 향상되었다.

지금부터 시작해보자!

오늘 하루 5분만 시간을 내어, 자신이 무엇에 시간을 쓰고 있는지 기록해보자. 내가 어떤 일에 시간을 쓰고 있는지 알게 된다면, 내 시간을 '찾고', '관리하는' 능력이 크게 달라질 것이다. "시간은 금이다"라는 말이 더 이상 빈말로 느껴지지 않을 것이다. 지금부터 나의 하루를 기록하며 효율적인 시간을 만들어보자!

'No'라고 말하는 용기, 내 일을 지키는 기술

"이것 좀 부탁할게!"라는 요청에 매번 "알겠습니다!"라고 대답하다 보면, 정작 내 할 일은 점점 뒤로 밀리는 경험을 해본 적이 있을 것이다. 다른 사람의 부탁을 들어주는 것도 중요하지만, 내 시간과 에너지를 지키는 것도 그만큼 중요하다. 여기서 핵심은 단호하지만 예의 있게 "No"라고 말하는 법을 배우는 것이다.

왜 'No'라고 말하기 어려울까?

1. 미안한 마음 : 상대방의 부탁을 거절하면 관계가 나빠질까 봐 걱정된다.
2. 완벽주의 성향 : 모든 일을 내가 해야 한다고 생각한다.
3. 습관적인 수락 : 거절하는 연습을 해본 적이 없어서 자동으로

"네"라고 대답하게 된다.

하지만 무조건 수락하는 것이 꼭 좋은 결과를 가져다주지는 않는다. 내 시간과 에너지가 부족하면 맡은 일도 제대로 해낼 수 없게 된다.

No라고 말하는 용기, 이렇게 길러보자

1. 내 우선순위부터 명확히 하기

다른 사람의 요청에 답하기 전에, 내 스케줄과 우선순위를 먼저 살펴본다. 내가 지금 해야 할 중요한 일이 있다면, 상대방의 요청을 거절해야 한다.

  - 팁 : "지금은 제 일에 집중해야 해서 어렵습니다."라는 말로 정중하게 이유를 설명한다.

2. 거절의 대안을 제시하기

직접 도와줄 수 없더라도 다른 방법을 제안하면, 상대방도 덜 불편하게 느낀다.

  - 예 : "제가 지금 바빠서 어려운데, 다음 주에 도와드리면 어떨까요?" 또는 다른 사람을 추천하며 도움을 줄 수도 있다.

3. 짧고 간결하게 거절하기

복잡하게 설명할수록 상대방이 계속 설득하려 들 수 있다. 거절할 때는 단호하고 간결하게 말하는 것이 중요하다.

- 예 : "죄송하지만, 지금은 힘들 것 같아요."

4. 연습하기

거절하는 것도 연습이 필요하다. 처음에는 어려울 수 있지만, 반복하다 보면 점점 자연스럽게 할 수 있다. 가까운 친구나 동료와 가벼운 요청부터 연습해보자.

"No"라고 말했더니 달라진 일상

한 직장인은 매번 동료들의 부탁을 들어주느라 자신의 프로젝트를 자주 미뤘다. 결국 업무가 쌓여 스트레스는 늘고 성과는 떨어졌다. 그러다 한 가지 결심을 했다. 자신의 업무가 최우선이 되는 시간대에는 요청을 거절하기로 한 것이다.

예를 들어, "오전 9시~11시는 중요한 프로젝트에 집중하는 시간"이라고 설정하고, 이 시간에는 어떤 부탁도 정중히 거절했다. 결과적으로 그는 자신의 업무 효율이 눈에 띄게 높아졌고, 동료들에게도 신뢰를 얻게 되었다.

No라고 말하는 것이 내 일을 지키는 시작이다

'No'는 상대방을 밀어내는 말이 아니라, 내 시간과 에너지를 존중하는 말이다. 정중하고 단호하게 거절하는 법을 배우면, 중요한 일에 더 집중할 수 있고, 내가 정말 잘할 수 있는 일에 에너지를 쏟을 수 있다. 오늘부터 작은 일이라도 용기 내어 "No"라고 말해보자. 그것이 바로 진정한 시간 관리의 시작이다!

06

스마트폰 잠금, 집중력이 깨어나다

스마트폰을 손에 쥐고 "잠깐만 확인해볼까?" 했다가 30분, 아니 1시간이 사라졌던 적 있지 않은가? 한 번 시작하면 멈출 수 없는 소셜 미디어와 알림 폭탄이 우리의 집중력을 갉아먹고 있다. 그렇다면, 스마트폰 사용 시간을 줄이고 집중력을 되찾는 방법을 배워보자.

왜 스마트폰을 잠가야 할까?

스마트폰은 현대인의 삶에서 필수품처럼 느껴지지만, 생산성을 방해하는 가장 큰 원인 중 하나다.

- 집중력 방해 : 단 한 번의 알림 소리로 업무 흐름이 끊긴다.
- 시간 낭비 : 하루 평균 2시간 이상을 소셜 미디어에 소비하는 사람이 많다.

- 스트레스 증가 : 끊임없는 알림과 정보의 홍수는 오히려 스트레스를 유발한다.

스마트폰 사용을 줄이면, 업무와 학습에 더 많은 시간을 투자할 수 있고, 정신적으로도 더 여유로워진다.

스마트폰 잠금으로 집중력을 되찾는 5단계

1. 잠금 모드 활성화하기

스마트폰에는 집중력을 높이기 위한 도구가 이미 탑재되어 있다. iPhone의 '집중 모드'나 Android의 '디지털 웰빙' 기능을 사용해보자.
- 팁 : 업무 시간 동안은 알림을 모두 차단하고, 중요한 전화만 받을 수 있도록 설정한다.

2. 소셜 미디어 앱 시간 제한 설정하기

대부분의 스마트폰에서는 특정 앱의 사용 시간을 제한할 수 있다. 하루 소셜 미디어 사용 시간을 30분 이하로 설정해보자.
- 예 : Facebook, Instagram, TikTok 앱에 20~30분의 제한 시간을 설정하면, 하루 중 소셜 미디어 탐험 시간이 대폭 줄어든다.

3. 스마트폰 멀리 두기

가장 간단하면서도 효과적인 방법은 스마트폰을 물리적으로 멀리 두는 것이다. 업무 중에는 스마트폰을 서랍에 넣거나 다른 방에 두어보자.

  - 팁 : 책상 위에 두면 무의식적으로 손이 가기 때문에 눈에 보이지 않는 곳에 두는 것이 중요하다.

4. 대체 활동 준비하기

스마트폰을 멀리했을 때, 그 시간에 무엇을 할지 미리 계획해 두면 좋다. 읽고 싶은 책을 준비하거나, 다이어리에 계획을 세우는 활동으로 대체해보자.

  - 예 : "스마트폰 대신 오늘 목표를 다이어리에 정리한다."

5. '디지털 디톡스' 시간 정하기

하루 중 일정 시간을 정해 스마트폰을 완전히 사용하지 않는 시간을 만들어보자. 예를 들어, 저녁 8시부터 10시까지는 '디지털 디톡스 시간'으로 정하면 좋다.

스마트폰 잠금, 이렇게 효과가 나타난다

1. 집중력 향상

스마트폰 사용을 줄이면 업무와 학습의 몰입도가 눈에 띄게 높아
진다.

- 예 : 스마트폰 알림이 없는 환경에서 보고서를 작성하면 시간
  절약은 물론, 더 나은 결과물을 얻을 수 있다.

2. 여유 시간 확보

소셜 미디어에 소비하던 시간을 줄이면, 하루에 몇 시간씩 여유
가 생긴다. 이 시간을 운동, 독서, 또는 가족과의 시간으로 활용할
수 있다.

3. 스트레스 감소

알림과 정보의 홍수에서 벗어나 마음의 평화를 느낄 수 있다.

스마트폰 잠금으로 달라진 사례

한 직장인은 매일 스마트폰 알림에 시달리며 업무가 자주 끊겼다.
그러다 집중 모드를 설정하고, 업무 중에는 스마트폰을 책상 서랍에
넣는 습관을 들였다. 그 결과, 같은 시간 동안 처리할 수 있는 업무량
이 크게 늘었고, 퇴근 후에도 더 많은 여유를 가질 수 있었다.

지금 당장 실천해보자!

스마트폰이 잠시 내 손을 떠난다고 해서 세상이 멈추지 않는다. 오

히려 집중력을 되찾아 더 많은 일을 해낼 수 있을 것이다. 지금 스마트폰 잠금 기능을 켜고, 진짜 중요한 일에 몰입해보자. **"스마트폰 없는 하루"**가 얼마나 생산적이고 즐거운지 직접 경험해보자!

07

20분 집중, 5분 리프레시! 포모도로의 마법

"일 좀 해보자!"라고 앉아서 하다 보면, 얼마 지나지 않아 집중력이 떨어지고 휴식 없이 버티다가 금방 지쳐버린 경험이 다들 있지 않은가? 이럴 때 필요한 것이 바로 포모도로 기법(Pomodoro Technique)이다. 짧고 강렬하게 일하고, 짧게 쉬는 이 방법은 생산성을 극대화하는 비결로 많은 이들의 사랑을 받고 있다.

포모도로 기법이란?

1980년대 이탈리아의 프란체스코 치릴로가 만든 시간 관리 방법으로, 25분 동안 집중해서 작업하고 5분 동안 짧게 쉬는 사이클을 반복하는 방식이다. 이때 사용한 토마토 모양의 주방 타이머에서 이름을 따왔다.

포모도로 기법은 단순하지만 효과적이다. 짧고 명확한 작업 시간으로 집중력을 유지하면서도 피로를 최소화한다.

왜 포모도로 기법이 효과적일까?

1. 집중력 향상 : 25분이라는 짧은 시간은 부담 없이 몰입하기 딱 좋은 단위다.
2. 과도한 피로 방지 : 작업 후 5분간의 휴식은 뇌를 재충전시키고 지속적인 생산성을 유지하게 한다.
3. 시간 낭비 방지 : 타이머가 울릴 때까지 딴짓을 하지 않으려는 경계심이 생긴다.

포모도로 기법, 이렇게 활용하자

1. 25분 동안 집중할 작업 정하기
타이머를 25분으로 설정하고, 그 시간 동안 집중할 작업을 하나만 정한다.
- 예 : "보고서 초안 작성", "이메일 10개 답변", "독서 20페이지 읽기".

2. 타이머 시작! 집중 모드 ON
타이머가 울릴 때까지 한 가지 작업에만 몰입한다. 방해받지 않도록 스마트폰 알림을 끄고 주변을 정리하자.

3. 5분 휴식하기

타이머가 울리면 바로 멈추고 잠깐 자리를 떠난다. 간단한 스트레칭, 물 마시기 등으로 뇌와 몸을 재충전한다.

4. 4세트 후 긴 휴식하기

포모도로를 4번 반복한 뒤, 15~30분간 긴 휴식을 취하며 완전히 재충전한다. 이 시간에는 산책하거나 좋아하는 활동을 해보자.

포모도로 기법이 가져온 변화

한 마케터는 하루 종일 산만하게 일하며 시간이 부족하다고 느꼈다. 포모도로 기법을 도입한 뒤, 하루를 25분 작업과 5분 휴식 단위로 나누었다. 그 결과, 그는 짧은 시간 안에 더 많은 일을 처리할 수 있었고, 퇴근 후에도 피로를 덜 느꼈다.

포모도로 기법이 제공하는 이점

1. 작업 효율성 극대화 : 짧은 시간 동안만 집중하기 때문에 부담이 줄어들고 생산성이 높아진다.
2. 작은 성공의 반복 : 25분마다 "완료했다"는 성취감을 느끼며 동기부여를 얻을 수 있다.
3. 균형 잡힌 작업 : 규칙적인 휴식으로 체력과 집중력을 모두 유

지할 수 있다.

오늘 바로 실천해보자!

포모도로 기법은 타이머만 있으면 누구나 쉽게 시작할 수 있다. 지금 타이머를 설정하고 25분 동안 한 가지 일에 몰입해보자. 짧고 굵게 일하고, 여유롭게 쉬는 이 리듬이 하루를 훨씬 더 생산적이고 만족스럽게 만들어줄 것이다. 오늘부터 **"포모도로 모드 ON!"** 해보자!

08

디지털 캘린더로 마스터하는 프로젝트 관리

"오늘 무슨 일을 해야 하지?" 하루를 시작할 때마다 계획을 머릿속에서 꺼내 정리하려니 일이 더 복잡하게 느껴진다면, 이제 디지털 캘린더를 활용할 차례다. 디지털 캘린더는 당신의 업무와 프로젝트를 한눈에 정리할 수 있는 최고의 도구다. 캘린더를 잘 활용하면 모든 일을 체계적으로 관리하며, 마감일을 놓치는 일도 사라질 것이다.

왜 디지털 캘린더인가?

종이 캘린더도 좋지만, 디지털 캘린더가 더 강력한 이유는 다음과 같다.

1. 언제 어디서나 접근 가능 : 스마트폰, 태블릿, 컴퓨터에서 실시간으로 확인할 수 있다.

2. 자동 알림 기능 : 중요한 일정이 다가오면 알려주므로, 놓칠 염려가 없다.

3. 다중 캘린더 관리 : 업무, 개인, 가족 일정을 각각 구분하면서도 한 화면에 통합해서 볼 수 있다.

4. 수정과 공유가 쉽다 : 일정을 변경하거나 팀원과 공유하기가 간편하다.

디지털 캘린더, 이렇게 활용하자

1. 모든 일정을 입력하자

큰 프로젝트부터 작은 개인 약속까지, 모든 일정을 디지털 캘린더에 입력하자.

- 팁 : Google Calendar나 Microsoft Outlook을 사용해 업무와 개인 캘린더를 통합 관리하면 편리하다.
- 예 : "금요일 오후 3시 프로젝트 회의", "화요일 오전 9시 팀원 피드백 마감" 등을 구체적으로 기록.

2. 색상 코딩으로 일정 구분하기

업무, 개인 시간, 운동 등 일정의 성격에 따라 색상을 지정하면 한눈에 파악할 수 있다.

- 예 : 업무는 파란색, 가족 일정은 초록색, 개인 시간은 노란색으

로 설정.

- 장점 : 하루의 일정을 시각적으로 명확히 구분해 효율적으로 준비할 수 있다.

3. 반복 일정 설정

매주 정해진 시간에 반복되는 일정은 자동으로 추가되게 설정하자.

- 예 : "매주 월요일 오전 10시 팀 미팅" 또는 "매달 마지막 주 금요일 보고서 제출".

- 이점 : 반복 작업을 매번 입력하지 않아도 되므로 시간을 절약할 수 있다.

4. 마감일과 준비 시간 설정

프로젝트의 마감일을 입력할 때, 충분히 준비할 수 있도록 며칠 전부터 알림을 설정해보자.

- 예 : "프로젝트 제출 마감일 3일 전 알림 받기" 설정.

- 팁 : 큰 작업은 단계별로 나누어 체크리스트를 추가하면 더 체계적으로 관리할 수 있다.

5. 팀과 캘린더 공유하기

팀 프로젝트를 관리할 때는 캘린더를 공유하여 업무 흐름을 투명하게 만드는 것이 중요하다.

- 예 : Google Calendar에서 팀 캘린더를 만들어 주요 일정을 공유하고, 필요한 사람만 수정 가능하도록 설정.

디지털 캘린더의 실제 효과

한 회사원은 프로젝트 마감일을 자주 놓쳐 스트레스를 받곤 했다. 그는 디지털 캘린더를 사용해 모든 프로젝트를 단계별로 나누고, 색상 코딩과 알림 설정을 활용했다. 결과적으로, 마감일을 지키는 능력이 향상되었고, 업무 부담도 크게 줄었다. 그는 동료들에게도 캘린더 활용법을 공유하며 팀 전체의 생산성을 높였다.

디지털 캘린더 활용의 이점

1. 한눈에 보는 일정 : 하루, 주, 월 단위로 모든 업무를 정리해 머릿속이 깔끔해진다.
2. 효율적인 시간 분배 : 어떤 일정이 중요한지 명확히 구분할 수 있다.
3. 팀워크 강화 : 일정 공유로 팀원 간의 커뮤니케이션이 원활해진다.

지금 바로 시작해보자!

디지털 캘린더는 단순한 일정 관리 도구가 아니다. 잘 활용하면 프로젝트 매니저처럼 당신의 시간을 체계적으로 관리할 수 있다. 오늘부터 캘린더 앱을 열고 모든 일정을 입력해보자. 당신의 하루가 얼마나 정리되고 편리해질지 곧 알게 될 것이다. **"캘린더와 함께, 시간의 주인이 되어보자!"**

09

리마인더가 줄여준 소셜 미디어 시간

"5분만 보자."라며 소셜 미디어에 들어갔다가, 정신 차려보니 1시간이 사라진 경험이 있다면 당신은 혼자가 아니다. 스마트폰과 소셜 미디어는 시간을 갉아먹는 무서운 녀석들이다. 그런데, 리마인더 기능을 잘 활용하면 이 시간을 확 줄이고, 학습이나 중요한 업무 시간을 늘릴 수 있다.

리마인더는 당신의 시간 관리 비서가 되어 줄 것이다!

리마인더 앱, 이렇게 유용하다

리마인더는 해야 할 일을 잊지 않게 알림을 주는 앱이다. 하지만 소셜 미디어 시간 조절에도 훌륭하게 활용할 수 있다.

1. 사용 제한 설정 : 소셜 미디어를 사용할 때 리마인더를 설정해

일정 시간이 지나면 경고를 주도록 한다.

2. 학습 시간 알림 : 학습 시작과 종료 시간을 알려주는 알림을 설정하면, 필요한 시간에 집중하기 쉽다.

3. 습관 추적 도구 : 하루에 소셜 미디어 사용 시간을 기록해 스스로 조절하도록 도와준다.

리마인더로 소셜 미디어 시간 줄이기, 이렇게 하자

1. 앱 사용 시간 제한하기

리마인더 앱이나 스마트폰의 디지털 웰빙 기능을 사용해 특정 앱의 사용 시간을 제한한다.

- 예 : Facebook, Instagram, TikTok의 사용 시간을 하루 30분으로 설정.

- 알림이 오면 "아, 이제 그만해야지!" 하며 멈추는 연습이 중요하다.

2. 학습과 작업 시간을 리마인더로 고정

매일 정해진 시간에 학습 알림을 설정해보자.

- 예 : "오후 3시~4시, 영어 단어 외우기" 알림 설정.

- 학습 시간이 되면 알림이 울리고, 집중할 수 있는 환경을 만들어준다.

3. '오프라인 리마인더' 활용

디지털 알림만큼 중요한 것이 눈에 보이는 오프라인 리마인더다.

- 팁 : 책상 앞에 "오늘 목표 - 1시간 독서"와 같은 메모를 붙여놓아 스스로를 상기시킨다.

4. 작은 성공에 스스로 보상하기

리마인더를 활용해 목표 시간을 지켰다면, 소소한 보상을 스스로에게 주자.

- 예 : "30분 공부 후, 좋아하는 간식 먹기"
- 보상은 동기부여를 높여준다.

리마인더 활용의 효과

1. 소셜 미디어 시간 단축 : 자주 사용하는 앱의 사용 시간을 제한하면, 무의미한 스크롤을 줄일 수 있다.
2. 집중력 향상 : 학습과 작업 시간을 규칙적으로 알림받아 실행하면 집중력이 높아진다.
3. 자기 통제력 강화 : 시간을 스스로 관리하는 습관을 들이면 더 큰 자율성을 얻을 수 있다.

실제 사례 : 리마인더로 변화를 만든 사람들

한 학생은 매일 3시간 이상 TikTok과 Instagram을 보며 시간을 낭비하곤 했다. 그는 스마트폰 리마인더 앱을 활용해 하루 소셜 미디어 사용 시간을 1시간으로 제한하고, 남은 시간을 독서와 학습에 투자했다. 한 달 뒤 그는 책 3권을 읽고 성적이 크게 오르는 결과를 얻었다.

리마인더로 당신의 시간을 바꿔보자!

소셜 미디어 시간을 조절하고, 진짜 중요한 일에 집중하기 위해 리마인더는 최고의 도구다. 오늘부터 리마인더를 설정해보자. 알림이 올 때마다, 시간을 잘 관리하는 스스로가 조금 더 뿌듯하게 느껴질 것이다. **"리마인더로 내 시간을 지키자!"**

(10)

이메일 자동화로 매일 10분을 아끼다

"이메일 답장이 밀려서 숨이 막혀요!"라는 말을 해본 적이 있다면, 템플릿과 자동화가 당신의 구세주가 될 수 있다. 하루에도 수십 통씩 오가는 이메일 속에서 중요한 일을 놓치지 않으면서도 시간을 절약 하려면, 이메일 자동화를 활용해야 한다. 간단한 설정과 준비만으로 도 매일 10분 이상을 아낄 수 있다.

왜 이메일 자동화가 필요한가?

1. 반복되는 작업 줄이기 : 비슷한 내용을 계속 작성해야 하는 이 메일을 미리 준비해두면, 같은 작업을 반복할 필요가 없다.
2. 오타와 실수 방지 : 미리 작성된 템플릿은 내용이 정확하고 빠 르게 전달된다.

3. 시간과 스트레스 절약 : 더 중요한 업무에 집중할 수 있다.

이메일 자동화, 이렇게 하면 된다

1. 이메일 템플릿 만들기
자주 보내는 이메일을 템플릿으로 만들어두면 큰 도움이 된다.
- 예 : "회의 일정 확인 요청", "프로젝트 보고서 제출 안내" 등의 반복적인 이메일을 미리 작성해 저장.
- 팁 : Gmail, Outlook과 같은 이메일 도구에서 템플릿 기능을 활용하자.

2. 자동 답장 설정하기
부재중이거나 특정 시간에 답장하기 어려울 때, 자동 답장을 설정하면 상대방에게 기다리게 하지 않으면서도 시간을 절약할 수 있다.
- 예 : "현재 업무로 인해 즉각적인 답변이 어렵습니다. 중요한 내용은 [연락처]로 부탁드립니다."

3. 라벨과 필터 설정
이메일 필터를 활용해, 수신된 이메일을 자동으로 라벨링하거나 폴더로 분류하자.
- 예 : "고객 문의" 이메일은 자동으로 "고객 지원" 폴더로 이동.

- 장점 : 중요한 이메일을 빠르게 찾을 수 있다.

4. 자동 서명 설정하기

매번 이름과 직위를 적는 데 시간을 낭비하지 말고, 서명을 자동으로 추가하도록 설정하자.

- 팁 : 서명에 링크나 연락처 정보를 포함해 더 유용하게 활용할 수 있다.

5. 메일 합치기(Mail Merge)

대량 이메일을 보내야 할 경우, 메일 머지(Mail Merge) 기능을 사용하면 각각의 수신자에게 맞춘 메일을 효율적으로 보낼 수 있다.

- 예 : 뉴스레터 발송, 팀 공지 전달 등.

이메일 자동화가 가져오는 변화

한 고객지원 담당자는 매일 반복되는 질문에 답변하느라 하루의 절반을 이메일 작성에 썼다. 그는 Gmail 템플릿 기능을 활용해 자주 묻는 질문에 대한 답변을 미리 작성해두었고, 필터 기능으로 이메일을 자동 분류했다. 결과적으로, 그는 하루 1시간 이상을 절약하며 중요한 업무에 집중할 수 있었다.

이메일 자동화의 이점

1. 효율성 향상 : 반복 작업이 줄어들어 더 많은 일을 할 수 있다.
2. 업무 스트레스 감소 : 이메일 확인과 작성에 대한 부담이 줄어 든다.
3. 프로페셔널한 이미지 : 빠르고 정확한 이메일 응대로 신뢰를 쌓 을 수 있다.

오늘부터 실천해보자!

지금 사용하는 이메일 도구에서 템플릿, 필터, 자동 답장 기능을 찾아 설정해보자. 이메일 자동화를 통해 더 이상 이메일에 쫓기지 않 고, 하루를 계획적으로 만들어 보자. **"자동화된 이메일로 시간을 지 키자!"**

⑪

저녁은 가족과 함께, 디지털은 꺼두세요

퇴근 후에도 스마트폰, 태블릿, 노트북에서 눈을 떼지 못한 적이 있지 않은가? "잠깐만 확인할게"라며 핸드폰을 잡았다가 가족과의 대화는 뒷전이 되고, 저녁 시간은 어느새 흘러가 버린다. 디지털 기기 없이 가족과 함께 보내는 '디지털 휴식' 시간을 만들어보자. 가족 간의 관계가 더 깊어지고, 하루를 진정으로 마무리하는 행복한 시간이될 것이다.

왜 '디지털 휴식'이 필요한가?

1. 집중하지 못하는 대화 : 디지털 기기를 사용하면 대화가 끊기고 가족 간의 유대감이 약해진다.
2. 스트레스 해소 : 업무에서 벗어나 디지털 기기를 내려놓는 것만

으로도 마음이 한결 가벼워진다.

3. 소중한 추억 만들기 : 가족과의 대화와 활동이 삶의 중요한 순간을 만든다.

디지털 휴식을 실천하는 방법

1. 저녁 시간, 디지털 기기 OFF

저녁 시간 동안 모든 디지털 기기를 꺼두거나, 집안의 '디지털 금지 구역'을 설정해보자.

- 예 : 저녁 7시부터 9시까지는 TV, 스마트폰, 태블릿을 사용하지 않기로 약속.
- 팁 : 식탁에서는 '핸드폰 금지' 규칙을 정하면 효과적이다.

2. 가족과의 활동 계획하기

디지털 대신 가족과 함께할 활동을 정해보자.

- 예 : 보드 게임, 독서, 저녁 산책, 요리 함께하기.
- 장점 : 자연스러운 대화와 협동이 이루어지며, 가족 간의 유대감이 깊어진다.

3. 디지털 상자 활용하기

집안에 작은 상자를 두고, 저녁 시간 동안 디지털 기기를 모두 넣어둔다.

- 팁 : 가족 모두가 이 규칙을 지킬 수 있도록 재미있게 포인트를
  주자. 예를 들어, 디지털 상자에 넣을 때마다 스티커를 붙여 나
  중에 보상을 준다.

4. 알림 끄기와 방해 금지 모드 활용하기

업무 이메일이나 알림이 방해되지 않도록 스마트폰의 방해 금지
모드를 설정하자.

- 예 : "저녁 시간 동안 중요한 연락만 허용"으로 설정.

디지털 휴식이 가져오는 변화

한 가족은 저녁 시간마다 각자 스마트폰에 몰두하며 대화가 거의
없었다. 그러다 매일 저녁 한 시간 동안 디지털 기기를 꺼두고, 보드
게임을 함께하기로 했다. 그 결과, 아이들은 부모님과의 시간을 더
좋아하게 되었고, 부모님 역시 스트레스가 줄고 가족과의 유대감이
강해졌다. 이 시간은 하루 중 가장 즐거운 순간이 되었다.

디지털 휴식의 이점

1. 가족 간의 대화 증가 : 스마트폰을 내려놓으면 자연스럽게 더 많
   은 이야기를 나누게 된다.

2. 마음의 여유 : 업무와 정보에서 벗어나 더 차분한 저녁 시간을 보낼 수 있다.

3. 더 나은 수면 : 저녁에 디지털 기기를 멀리하면, 수면의 질도 향상된다.

오늘부터 디지털 휴식을 시작해보자!

지금 저녁 식사 시간에 디지털 기기를 꺼두고, 가족과 함께 대화하며 저녁을 즐겨보자. 핸드폰을 잠시 내려놓는 것만으로도 가족과의 관계가 훨씬 더 가까워질 것이다. **"저녁은 가족과 함께, 디지털은 잠시 쉬게 하자!"**

12

점심엔 산책, 오후엔 두 배의 에너지

점심시간, 다들 식사 후 책상에 앉아 졸음을 참고 있지는 않은가? 몸은 무겁고, 머리는 멍한 상태로 오후 업무에 돌입하면 효율은 바닥으로 떨어질 수밖에 없다. 이럴 때 필요한 것은 바로 짧은 산책이다. 점심시간에 잠깐의 산책을 더하면 신선한 공기와 적당한 움직임이 오후의 활력을 두 배로 만들어준다.

왜 점심 산책이 필요한가?

1. 졸음 타파 : 산책은 혈액 순환을 촉진해 식곤증을 날려버린다.
2. 스트레스 해소 : 걷는 동안 뇌는 긴장을 풀고 마음이 가벼워진다.
3. 집중력 강화 : 신선한 공기를 마시면 두뇌가 활성화되어 오후 업무에 몰입하기 쉽다.

점심 산책, 이렇게 하면 된다

1. 10~15분 산책 시간 확보

점심시간의 일부를 활용해 회사 주변을 10~15분 정도 걸어보자.

 - 팁 : 동료와 함께 걸으면 동기부여가 더 커진다.

2. 자연과 가까워지기

회사 근처 공원이나 나무가 있는 곳을 찾으면 더 효과적이다. 자연 속에서 걷는 것은 스트레스 해소에 특히 좋다.

 - 예 : 공원 산책길, 회사 옥상 정원 등.

3. 걷기 루틴 만들기

매일 점심마다 걷는 습관을 들이면 산책은 더 이상 귀찮은 일이 아니라 즐거운 루틴이 된다.

 - 팁 : 산책 후 간단한 스트레칭을 추가하면 효과가 배가된다.

4. 스마트폰을 잠시 내려두기

산책 중에는 스마트폰 대신 주변 풍경에 집중하자. 이는 마음을 더 여유롭게 만들어준다.

점심 산책의 실제 효과

한 직장인은 매일 점심시간에 동료들과 함께 15분씩 회사 근처를 산책하기 시작했다. 처음에는 짧게 느껴졌지만, 점차 산책이 몸과 마음에 긍정적인 변화를 가져오는 것을 느꼈다. 오후 업무에 더 몰입할 수 있었고, 업무 스트레스도 크게 줄어들었다.

산책이 가져오는 이점

1. 피로 회복 : 신체 활동은 피로를 줄이고 몸에 활력을 준다.
2. 정신적 재충전 : 걷는 동안 생각이 정리되어 창의적인 아이디어가 떠오르기도 한다.
3. 업무 효율 향상 : 신선한 기운으로 오후 업무에 더 집중할 수 있다.

오늘부터 시작해보자!

내일 점심시간, 간단히 걷기 좋은 신발만 준비하면 된다. 짧은 산책이 하루를 얼마나 다르게 만들어주는지 직접 느껴보자. 걷는 동안 느껴지는 바람과 햇살, 그리고 상쾌한 기운이 오후를 활기차게 만들어줄 것이다. **"점심엔 산책, 오후엔 두 배의 에너지!"**

13

가족 협업! 집안일도 효율적으로

"집안일 좀 도와줘!"라고 외치는 소리가 집안에서 들린다면, 여러분의 가족은 협업이 필요하다. 집안일을 누구 한 사람에게만 떠넘기면 불만이 쌓이고, 시간이 비효율적으로 쓰이기 마련이다. 이때 필요한 것이 바로 집안일 분담표다. 역할을 공정하게 나누고 서로의 부담을 줄이면 갈등도 줄고, 시간과 여유가 생긴다.

왜 집안일 분담표가 필요한가?

1. 공정한 분담 : 역할이 명확하면 누구도 억울함을 느끼지 않는다.
2. 시간 절약 : 각각의 역할이 정해지면 일을 빠르게 마칠 수 있다.
3. 가족 유대감 강화 : 함께 집안일을 하며 팀워크와 협력을 배운다.

집안일 분담표, 이렇게 만들어보자

1. 모든 집안일 나열하기

먼저 가족이 해야 할 모든 집안일을 리스트로 작성한다.

- 예 : 설거지, 빨래, 청소, 쓰레기 버리기, 반려동물 돌보기 등.

2. 가족 회의를 통해 역할 정하기

가족 모두가 모여 집안일을 공정하게 나누는 회의를 연다. 각자의 능력과 선호를 고려해 역할을 분담하면 더 효과적이다.

- 예 : 아이는 쓰레기 분리수거, 부모님은 요리와 설거지.
- 팁 : 재미를 위해 각 역할에 귀여운 이름을 붙여보자.(예 : "청소왕", "주방지기".)

3. 분담표 만들기

집안일 분담표를 만들고, 눈에 잘 보이는 곳에 붙여놓는다.

- 예 : 주간 캘린더에 각자의 이름과 역할을 표시.
- 디지털 활용 : Google 캘린더나 Notion에 공유 리스트를 만들어 실시간으로 업데이트.

4. 칭찬과 보상 추가

가족이 각자 맡은 일을 잘 수행하면 칭찬하거나 작은 보상을 주자.

- 예 : "이번 주 청소왕은 아빠!" 하며 가족이 함께 박수를 쳐준다.

집안일 분담표가 가져오는 변화

한 가족은 집안일이 누구의 몫인지 명확하지 않아 자주 다투곤 했다. 그러나 분담표를 만들고 각자의 역할을 정한 후, 불필요한 갈등이 사라졌다. 오히려 가족이 함께 집안일을 끝내고 남은 시간에 영화도 보고, 공원 산책도 다녀올 여유가 생겼다.

집안일 분담표의 이점

1. 갈등 감소 : "왜 나만 해?"라는 불만이 사라진다.
2. 시간 효율성 : 역할이 정해져 있으면 집안일을 더 빠르게 처리할 수 있다.

3. 가족 팀워크 향상 : 함께 협력하며 유대감이 깊어진다.

오늘부터 실천해보자!

지금 가족과 함께 간단한 집안일 리스트를 작성해보자. 작은 일부터 시작해 점차 더 많은 역할을 분담하다 보면, 가족 모두가 함께하는 시간이 더 즐거워질 것이다. **"가족 협업으로 집안일도 즐겁게!"**

14

3일의 고민이 만든 현명한 소비 습관

"이거 꼭 필요해!"라는 생각에 물건을 바로 구매했다가, 몇 주 후에 "왜 샀지?" 하고 후회한 경험이 있다면, 당신은 충동구매의 유혹에 빠져본 적이 있는 것이다. 이럴 때 필요한 것이 바로 '3일 후 구매' 규칙이다. 간단히 말해, 물건을 사고 싶다는 생각이 들 때 3일 동안 기다려보고 여전히 필요하다고 느끼면 그때 구매하라는 것이다. 이 규칙은 당신의 지갑을 지켜주고, 현명한 소비 습관을 만들어준다.

왜 3일 규칙이 효과적일까?

1. 충동 억제 : 시간이 지나면서 '필요'가 아닌 '욕심'이라는 사실을 깨닫게 된다.
2. 필요성 재평가 : 물건의 진짜 가치를 판단할 시간을 갖는다.

3. 금전적 여유 확보 : 불필요한 소비를 줄이면 저축하거나 더 중
   요한 일에 돈을 쓸 수 있다.

3일 후 구매 규칙, 이렇게 실천하자

1. '위시리스트'에 물건 추가하기

사고 싶다는 생각이 들면 바로 구매하지 말고, 물건을 위시리스트
에 추가하자.

- 팁 : 스마트폰 메모장이나 쇼핑 앱의 찜하기 기능을 활용하면
  편리하다.

2. 3일 동안 기다리기

물건을 구매하기 전에 3일 동안 시간을 두고 생각한다.

- 질문해보기 : "이 물건이 진짜 필요할까?", "비슷한 물건이 집에
  있지 않을까?"

3. 구매 결정하기

3일 후에도 여전히 필요하고, 가격이 적절하며 예산에 맞는다면
구매한다.

- 팁 : 충동 구매에서 벗어나기 위해 예산을 미리 설정해두면 좋다.

4. 예산 추적하기

소비 기록을 유지하며, 실제로 구매한 물건과 구매하지 않은 물건의 목록을 비교해보자.

- 장점 : 자신의 소비 패턴을 파악하고, 더 나은 선택을 할 수 있다.

3일 규칙으로 바뀐 삶

한 쇼핑 마니아는 매달 월급의 대부분을 불필요한 물건을 사는 데 사용했다. 하지만 '3일 후 구매' 규칙을 도입한 후, 그녀는 매달 30% 이상의 소비를 줄였고, 남은 돈으로 여행을 계획할 수 있었다. 그녀는 더 이상 쇼핑 후 후회하지 않으며, 정말 필요한 물건만 구매하게 되었다.

3일 규칙의 이점

1. 충동구매 감소 : 불필요한 소비를 줄이고, 더 현명한 선택을 한다.
2. 금전적 여유 : 저축이 늘어나고, 중요한 목표를 위해 돈을 사용할 수 있다.
3. 자원 낭비 방지 : 필요 없는 물건을 사지 않음으로써 환경에도 긍정적인 영향을 미친다.

오늘부터 시작해보자!

지금부터 사고 싶은 물건이 생기면 바로 구매하지 말고, 3일 동안 기다려보자. 충동 구매를 줄이고, 더 나은 소비 습관을 만들어갈 수 있을 것이다. **"현명한 소비는 기다림에서 시작된다!"** 3일 규칙으로 나만의 소비 습관을 만들어보자!

15

주말에도 시간 관리는 필수!

주말, "그냥 쉬고 싶어."라는 생각에 하루 종일 소파와 침대만 오가는 경험, 익숙하지? 하지만, 주말을 아무 계획 없이 보내다 보면, 월요일 아침 "내 주말은 어디 갔지?" 하고 후회하기 쉽다. 주말에도 명확한 목표를 설정하면, 쉬는 시간도 알차고 보람차게 보낼 수 있다. 이때 중요한 것은 균형이다. 너무 빡빡하지 않은 계획으로 휴식과 생산성을 함께 챙겨보자.

주말 시간 관리가 중요한 이유

1. 스트레스 해소 : 제대로 쉬면 몸과 마음이 다음 주를 준비할 수 있다.
2. 생산성 유지 : 주말에 해야 할 일을 미리 끝내면 평일이 더 여유

로워진다.

3. 개인 성장 : 배우고 싶었던 것에 투자할 수 있는 시간이다.

주말 시간을 보람차게 쓰는 3단계 방법

1. 명확한 목표 설정하기

주말 아침, 쉬고 싶은 마음도 이해하지만, 하루에 3가지 간단한 목표만 정해보자.

- 예 : 아침 운동하기, 독서 30분 하기, 옷장 정리하기.
- 팁 : 큰 목표보다 작고 실행 가능한 일을 정하면 성공 확률이 높아진다.

2. 시간 블록 설정하기

하루를 시간 블록으로 나누어 휴식과 생산성을 균형 있게 배치하자.

- 오전 : 운동과 독서
- 오후 : 가족과 외출
- 저녁 : 영화 감상
- 장점 : 일정이 구조화되면 계획적으로 움직이기 쉽다.

3. 즐거움과 여유 추가하기

주말은 생산성만을 위한 시간이 아니다. 즐거움을 느낄 수 있는 활동을 추가해보자.

- 예 : 좋아하는 카페에서 커피 마시기, 자연 속 산책, 새로운 요리 시도하기.
- 팁 : 휴식 시간도 일정에 넣어 여유를 만끽하자.

주말 시간 관리의 실제 사례

한 회사원은 늘 주말이 끝나면 "내가 주말에 뭘 했지?"라고 후회하곤 했다. 그는 주말마다 아침에 간단한 목표를 정하기 시작했다. "책 1장 읽기, 방 정리하기, 저녁에 가족과 산책하기"와 같은 간단한 계획이었다. 결과적으로, 주말이 더 알차게 느껴졌고, 월요일 아침에도 상쾌한 기분으로 시작할 수 있었다.

주말 시간 관리의 이점

1. 에너지 충전 : 계획적으로 쉬면 더 깊은 휴식을 느낄 수 있다.
2. 개인 성장 : 배움과 자기 계발 시간을 통해 성취감을 얻는다.
3. 가족 및 친구와의 시간 강화 : 함께하는 활동을 계획하면 관계도 돈독해진다.

오늘부터 실천해보자!

이번 주말, 하루에 단 세 가지 목표만 정해보자. 작고 구체적인 목표를 실행해보며, 휴식과 성과를 모두 챙겨보자. 주말을 제대로 활용하면 월요일 아침의 기분이 완전히 달라질 것이다. **"주말도 시간 관리로 더 빛나게!"**

16

출퇴근 시간을 황금 시간으로 바꾸는 법

출퇴근 시간, 지하철에서 스마트폰을 스크롤하거나 버스 창밖을 멍하니 바라보는 게 일상이었는가? 그 시간이 하루 1~2시간씩이라면, 1년이면 무려 약 500시간에 달한다. 이 시간을 황금 시간으로 바꿀 방법이 있다면 어떨까? 오디오북과 팟캐스트를 활용해 자기 계발의 시간을 만들어보자.

왜 출퇴근 시간이 황금 시간인가?

1. 반복되는 일상에서 벗어날 기회 : 출퇴근 시간은 온전히 자기 자신에게 투자할 수 있는 고유한 시간이다.
2. 배움의 시간으로 전환 : 새로운 정보를 배우거나, 마음을 풍요롭게 하는 콘텐츠를 들을 수 있다.

3. 긴장 완화 : 유익한 콘텐츠는 스트레스를 줄이고, 하루를 긍정적으로 시작하거나 마무리하는 데 도움을 준다.

출퇴근 시간을 활용하는 방법

1. 오디오북 듣기

대중교통 속에서 책을 읽기 힘들다면, 오디오북이 완벽한 대안이다.

- 추천 장르 : 자기 계발, 소설, 역사, 심리학 등.
- 팁 : 집중력이 필요한 아침에는 자기 계발 도서, 퇴근길에는 가벼운 소설로 균형을 맞추자.

2. 팟캐스트 구독

무료로 다양한 지식을 접할 수 있는 팟캐스트는 자기 계발에 훌륭한 도구다.

- 추천 콘텐츠 : 특정 기술 배우기, 인터뷰, 명상 오디오 등.
- 예 : "이동진의 빨간 책방" 팟캐스트나 "책 읽는 라디오"와 같은 프로그램.

3. 언어 학습하기

새로운 언어를 배우고 싶다면, 출퇴근 시간에 짧은 강의나 회화 연습 오디오를 들어보자.

- 팁 : 영어, 일본어, 프랑스어 등 관심 있는 언어의 오디오 프로그램을 찾아 매일 꾸준히 듣기.

4. 플레이리스트로 기분 전환하기

오디오북이나 팟캐스트가 부담스럽다면, 긍정적인 메시지가 담긴 음악으로 출퇴근 시간을 즐겁게 만들자.
- 팁 : 하루를 시작하는 활기찬 음악과 퇴근길의 편안한 음악으로 나눠 들으면 효과적이다.

출퇴근 시간을 활용한 실제 사례

한 직장인은 매일 2시간씩 출퇴근에 소비했지만, 오디오북을 들으면서 이 시간을 자기 계발에 활용하기 시작했다. 그는 한 달 동안 3권의 책을 완독했고, 동료들보다 빠르게 새로운 업무 지식을 습득했다. 이 과정에서 스트레스도 줄어들고, 출퇴근 시간이 더 이상 지루하지 않게 느껴졌다.

출퇴근 시간 활용의 이점

1. 성취감 증가 : 하루를 더 알차게 사용한 만족감을 얻는다.
2. 새로운 지식 습득 : 반복되는 출퇴근 시간이 배움의 시간이 된다.

3. 스트레스 감소 : 유익한 콘텐츠는 마음을 안정시키고 긴장을 푸
   는 데 도움을 준다.

오늘부터 실천해보자!

출퇴근길에 이어폰만 있으면 준비 끝이다. 오디오북, 팟캐스트, 또
는 언어 학습 프로그램을 선택해 스마트폰에 다운로드해두자. 매일
조금씩 듣다 보면, 어느새 당신은 지식을 쌓고 성장한 자신을 발견하
게 될 것이다. **"출퇴근 시간을 황금 시간으로!"**

17

급한 일 vs. 중요한 일, 구별하는 법

"모든 일이 다 중요해 보여요!"라고 말하며, 머리가 터질 것 같은 기분을 느낀 적 있지? 하지만 모든 일이 중요하거나 급한 것은 아니다. 진짜 중요한 일은 따로 있다. 급한 일과 중요한 일을 구별하는 법을 알게 되면, 바쁘기만 한 삶에서 벗어나 진정한 우선순위를 잡을 수 있다.

왜 구별이 필요한가?

1. 시간 낭비 방지 : 급하지만 중요하지 않은 일에 시간을 쏟다 보면 정말 중요한 일을 놓치기 쉽다.
2. 스트레스 감소 : 해야 할 일이 명확해지면 마음의 짐이 줄어든다.
3. 성과 향상 : 중요한 일에 집중하면 진정한 성과를 얻을 수 있다.

급한 일과 중요한 일, 어떻게 다를까?

1. 급한 일
- 빨리 처리해야 하는 일.
- 남의 요청으로 발생하는 경우가 많다.
- 예 : 전화 벨이 울리거나, 상사가 갑자기 부탁한 보고서.

2. 중요한 일
- 장기적으로 큰 영향을 미치는 일.
- 자신의 목표와 관련된 경우가 많다.
- 예 : 개인 프로젝트 기획, 전문성 향상을 위한 공부.

급한 일과 중요한 일, 구별하는 3단계 방법

1. 아이젠하워 매트릭스 활용하기
일을 네 가지로 분류해보자.
- 1사분면 : 급하고 중요한 일 → 지금 당장 처리.
- 2사분면 : 중요하지만 급하지 않은 일 → 미리 계획.
- 3사분면 : 급하지만 중요하지 않은 일 → 위임하거나 최소화.
- 4사분면 : 급하지도 중요하지도 않은 일 → 과감히 제거.

2. 자신에게 질문하기

일을 처리하기 전에 자신에게 물어보자.

- 이 일이 내 목표에 어떻게 영향을 미칠까?
- 이 일을 꼭 내가 해야 할까?
- 지금 당장 처리하지 않으면 어떻게 될까?

3. 중요한 일에 시간 배분하기

급한 일이 아닌 중요한 일에 시간을 먼저 배정하자.

- 예 : 매일 아침 30분은 장기 목표를 위한 계획 시간으로 설정.

급한 일에만 쫓기던 사례

한 직장인은 하루 종일 급한 전화와 이메일에 시달리다 정작 중요한 프로젝트를 놓치는 경우가 많았다. 그는 아이젠하워 매트릭스를 활용해 업무를 분류하기 시작했다. 그 결과, 더 이상 급한 일에 휘둘리지 않고, 중요한 일에 집중할 수 있었다. 한 달 뒤 그는 프로젝트를 성공적으로 완료했고, 상사로부터 큰 칭찬을 받았다.

급한 일과 중요한 일 구별의 이점

1. 효율성 증가 : 시간과 에너지를 가장 필요한 곳에 사용할 수 있다.
2. 스트레스 감소 : 불필요한 일에서 해방된다.

3. 목표 달성 : 중요한 일에 집중하면 원하는 결과를 얻을 확률이
   높아진다.

오늘부터 실천해보자!

오늘 해야 할 일 중 급한 일과 중요한 일을 구별해보자. 급한 일에
휘둘리지 않고 중요한 일을 먼저 처리하는 습관을 들이면, 당신의 하
루는 훨씬 더 보람차고 효과적으로 바뀔 것이다. **"모든 일을 다 할
필요는 없다. 진짜 중요한 일부터 하자!"**

18

시간 관리도 파트너와 함께라면 쉬워진다

혼자서 모든 일을 해내려고 하다 보면 때때로 지치고 의욕이 떨어질 때가 있다. 특히 목표를 꾸준히 유지하는 일은 더욱 어렵다. 하지만 시간 관리를 파트너와 함께하면 상황이 달라진다. 서로의 목표를 공유하고 응원하며 협력하는 과정에서 동기부여와 성취감을 동시에 얻을 수 있다. 함께라면 더 쉽고 즐겁게 시간을 관리할 수 있다.

왜 파트너가 필요한가?

1. 책임감 강화
다른 사람과 목표를 공유하면, 그 약속을 지키려는 마음이 생긴다.
 – 예 : "내가 이걸 안 하면 파트너에게 미안하겠지!"

2. 서로 격려

힘들 때 응원해주는 사람이 있으면 동기부여가 두 배로 상승한다.

- 예 : "우리 같이 해보자!"라는 한마디로 의욕이 생긴다.

3. 경쟁 아닌 협력

파트너와 비교하며 경쟁하기보다, 서로의 성장을 응원하는 협력적인 환경을 만든다.

시간 관리 파트너 활용법

1. 목표 공유하기

서로의 목표를 솔직하게 이야기하고, 세부 계획을 공유한다.

- 예 : "이번 주에 하루 30분씩 운동하기" 또는 "주말까지 프로젝트 50% 완성하기."
- 팁 : 너무 큰 목표보다 실현 가능한 목표를 정한다.

2. 진행 상황 점검

매일 또는 주간 단위로 서로의 진행 상황을 점검하고, 피드백을 주고받는다.

- 예 : "어제는 운동했어? 난 20분밖에 못 했는데 오늘은 더 해 볼게."

3. 성공 축하하기

목표를 달성했을 때 서로 축하하고, 작은 보상을 주자.

- 예 : "이번 주 다 해냈으니 우리 아이스크림 먹으러 가자!"

4. 정기적인 만남 갖기

온라인이든 오프라인이든 정기적으로 만나서 계획을 점검하고, 함께 실행해보자.

- 예 : "토요일 오전엔 카페에서 만나 서로의 계획 점검하기."

파트너와 함께한 성공 사례

한 대학생은 혼자 스터디를 하다가 자꾸 목표를 미루곤 했다. 하지만 친구와 함께 시간 관리 파트너가 되어 매주 목표를 공유하고 점검하기 시작했다. 그 결과, 두 사람 모두 목표 달성률이 크게 높아졌고, 매번 공부를 끝낼 때마다 서로 칭찬하며 성취감을 느꼈다.

파트너 전략의 이점

1. 동기부여 상승 : 서로의 응원으로 포기하지 않고 꾸준히 노력할 수 있다.
2. 스트레스 감소 : 혼자가 아닌 함께라면 부담감이 줄어든다.
3. 목표 달성 가속화 : 협력 속에서 목표를 더 빠르게 달성할 수 있다.

오늘부터 실천해보자!

주변 친구, 가족, 혹은 동료 중 시간 관리 파트너가 될 만한 사람을 찾아보자. 서로의 목표를 이야기하고, 작고 쉬운 계획부터 함께 시작해보자. **"혼자가 힘들다면, 함께라면 가능하다!"** 파트너와의 협력으로 시간 관리가 훨씬 재미있고 쉬워질 것이다.

19

긴급 알림 OFF, 내 일에 ON!

스마트폰이 "띵!" 소리를 낼 때마다 혹시 이렇게 느껴지지 않나? "내 시간과 집중력이 사라진다!" 그렇다면 불필요한 알림들을 과감히 끄고, 정말 중요한 일에 몰두할 때다. "알림 OFF, 내 일 ON" 기술을 배우면, 업무 효율성과 마음의 여유를 동시에 얻을 수 있다.

왜 불필요한 알림을 차단해야 할까?

1. 집중력 분산 방지

알림이 울릴 때마다 집중력이 끊기고, 다시 일을 시작하는 데 시간이 걸린다.

- 연구에 따르면 알림 한 번에 집중력을 회복하는 데 23분이 소요된다고 한다!

2. 시간 낭비 예방

자주 확인하지 않아도 되는 알림에 시간을 뺏기지 말자.

3. 스트레스 감소

알림이 쌓이면 머릿속이 혼란스러워지고 스트레스가 증가한다.

알림 차단, 이렇게 시작하자

1. 정말 필요한 알림만 남기기

스마트폰 설정에서 꼭 필요한 알림만 켜두고 나머지는 꺼보자.

- 필수 알림 : 전화, 메시지, 업무 이메일.
- 불필요한 알림 : SNS, 게임, 쇼핑 앱.

2. 집중 모드 설정하기

작업 시간 동안 스마트폰의 '집중 모드'를 활성화해보자.

- 사용법 : iPhone의 '집중 모드', Android의 '방해 금지 모드' 설정.
- 알림 차단 시간대를 정하고, 중요한 연락만 받을 수 있도록 설정.

3. 앱 알림 빈도 줄이기

앱마다 알림 빈도를 조절할 수 있다.

- 예 : 이메일 알림을 실시간이 아닌 1시간 간격으로 설정.

- SNS는 하루 한 번 알림 모아보기로 조정.

4. 업무 중 스마트폰 뒤집기

시각적인 방해를 줄이기 위해, 스마트폰 화면을 아래로 놓아 알림을 보지 않는 것도 좋은 방법이다.

알림 차단으로 달라진 삶

한 직장인은 매일 스마트폰 알림에 시달리며 일을 중단하곤 했다. 그는 집중 모드를 설정하고 SNS 알림을 껐다. 처음엔 적응하기 어려웠지만, 곧 알림의 방해 없이 업무에 깊이 몰입할 수 있게 되었다. 이제 그는 업무 시간이 줄어든 만큼 여유 시간을 더 누릴 수 있게 되었다.

알림 차단의 이점

1. 집중력 향상 : 방해 요소가 줄어들면 중요한 일에 몰입할 수 있다.
2. 시간 관리 개선 : 쓸데없는 알림에 뺏기던 시간을 절약한다.
3. 스트레스 완화 : 불필요한 정보에서 자유로워진다.

오늘부터 실천해보자!

지금 바로 스마트폰 설정으로 가서 필요 없는 알림을 꺼보자. 알림이 줄어드는 순간, 당신의 집중력과 효율성은 자연스럽게 올라갈 것이다. "**알림은 OFF, 내 일은 ON!**" 당신의 하루를 방해 없이 채워보자!

⑳

'안 할 일'로 시간을 되찾다

바쁜 하루를 보내며 "이것도 해야 하고, 저것도 해야 하고."라는 생각에 지쳐본 적 있지? 하지만 해야 할 일만 고민하다 보면 정작 정말 중요한 일에 쓸 시간이 부족해질 수 있다. 이럴 때 필요한 것이 바로 '안 할 일 목록'이다. 하지 않을 일을 명확히 정리하면, 중요한 일에 에너지를 집중하고 더 효율적으로 시간을 관리할 수 있다.

왜 '안 할 일 목록'이 필요할까?

1. 우선순위 재정립
'안 할 일'을 정리하면 정말 중요한 일에 집중할 수 있다.
 - 예 : 중요하지 않은 회의 참석 대신 프로젝트 작업에 시간을 쓰는 것.

2. 시간과 에너지 절약

불필요한 일을 줄이면 더 많은 시간을 효율적으로 활용할 수 있다.

- 예 : 하루 종일 SNS를 확인하지 않으면 시간을 크게 절약할 수 있다.

3. 스트레스 감소

해야 할 일이 줄어들면 마음이 가벼워지고 여유를 찾을 수 있다.

안 할 일 목록' 작성법

1. 시간을 빼앗는 행동 찾기

하루 동안 어떤 일들이 시간을 낭비하게 만드는지 기록해보자.

- 예 : "SNS 스크롤 30분", "불필요한 회의 참석", "중요하지 않은 이메일 답장."

2. 우선순위 기준 정하기

'안 할 일'을 정하기 위해 가장 중요한 기준을 설정하자.

- 예 : 내 목표와 직접 관련되지 않는 일들.

3. 구체적으로 적기

막연한 표현보다 구체적인 항목을 작성해야 실천하기 쉽다.

- 잘못된 예 : "여유롭게 지내기."
- 올바른 예 : "업무 시간 동안 개인 SNS 확인하지 않기."

4. 주기적으로 점검하기

매주 또는 매월 '안 할 일 목록'을 점검하고 업데이트하며 유지하자.

안 할 일 목록' 활용 사례

한 직장인은 매일 SNS 확인에 2시간을 소비하며 정작 중요한 일을 놓치곤 했다. 그는 '안 할 일 목록'에 "업무 시간 중 SNS 확인하지 않기"를 추가하고 이를 철저히 실천했다. 그 결과, SNS에 낭비되던 시간을 프로젝트 기획과 자기 계발에 투자할 수 있었고, 업무 성과와 생산성이 눈에 띄게 향상되었다.

안 할 일 목록'의 효과

1. 집중력 향상

중요하지 않은 일을 배제하면 정말 해야 할 일에 몰입할 수 있다.

2. 시간 여유 증가

하지 않아도 되는 일을 줄이면 하루에 더 많은 시간을 확보할 수 있다.

3. 목표 달성 가속화

'안 할 일'을 정리하면 진정으로 중요한 목표에 더 빨리 도달할 수
있다.

오늘부터 실천해보자!

지금 바로 '안 할 일 목록'을 작성해보자. 예를 들어, "업무 시간 중
SNS 확인하지 않기", "불필요한 회의 참석 줄이기"와 같은 작고 구체
적인 항목으로 시작하면 된다. '안 할 일'을 줄이면 당신의 하루는 더
가벼워지고, 의미 있는 일로 가득 찰 것이다. 지금 바로 실천해보자!

3장

우선순위 설정의 기초

효과적인 우선순위 설정법

시간 관리의 핵심 중 하나는 바로 우선순위를 잘 설정하는 것이다. 많은 사람들이 해야 할 일이 많을 때 어디서부터 시작해야 할지 몰라 당황하거나, 중요한 일을 놓치고 덜 중요한 일에 시간을 소비하곤 한다. 효과적인 우선순위 설정법을 배우면, 주어진 시간 내에 가장 중요한 일들을 먼저 처리할 수 있고, 결과적으로 더 높은 성과를 낼 수 있다.

1. 우선순위 설정의 필요성

우선순위를 설정하지 않고 일을 시작하면, 하루가 끝날 때 해야 할 일을 다 하지 못하거나 가장 중요한 일이 뒤로 밀려 성과가 떨어질 수 있다. 예를 들어, 한 직장인이 여러 가지 프로젝트와 마감이 있는 상황에서 무엇을 먼저 해야 할지 정하지 못하고 여기저기 손을 대다가 어느 것도 제대로 마무리하지 못하는 경우를 생각해보자. 이렇게 되면 업무의 질은 물론, 스트레스와 피로감도 증가한다.

효과적인 우선순위 설정은 일을 할 때 필요한 시간과 노력을 최소화하면서도 최고의 결과를 얻는 데 필수적이다. 이제 초보자도 쉽게 이해하고 적용할 수 있는 몇 가지 우선순위 설정법을 살펴보자.

2. 효과적인 우선순위 설정법

1) 아이젠하워 매트릭스(Eisenhower Matrix) 활용하기

아이젠하워 매트릭스는 미국의 드와이트 D. 아이젠하워 대통령이 사용한 방법으로, 일을 중요도와 긴급도에 따라 네 가지로 분류하는 방식이다. 이를 통해 어떤 일을 먼저 해야 할지 명확히 알 수 있다.

- 긴급하고 중요한 일 : 지금 당장 해야 할 일. 예를 들어, 오늘 마감인 보고서 작성이나 고객과의 약속 등.
- 긴급하지 않지만 중요한 일 : 계획적으로 해야 하는 일. 장기적인 목표 달성을 위한 준비나 자기계발 활동 등이 이에 해당한다.
- 긴급하지만 중요하지 않은 일 : 즉각적인 대응이 필요하지만, 큰 영향을 미치지 않는 일. 예를 들어, 전화나 이메일 답변.
- 긴급하지도 중요하지도 않은 일 : 시간 낭비가 될 수 있는 일. 예를 들어, 소셜 미디어 확인, 의미 없는 회의 등.

하루를 시작하기 전, 오늘 해야 할 일들을 위 네 가지로 분류해보자. 그런 다음, '긴급하고 중요한 일'부터 먼저 처리하고, '긴급하지 않지만 중요한 일'은 시간을 정해 꾸준히 진행하며, '긴급하지만 중요하지 않은 일'은 적절히 조절하고 위임할 수 있다면 위임한다. '긴급하지도 중요하지도 않은 일'은 과감하게 제거하거나 최소한의 시간만 할애한다.

2) ABCDE 우선순위 매기기

ABCDE 방법은 브라이언 트레이시(Brian Tracy)가 제시한 시간 관리 기법으로, 각 업무의 중요도와 긴급성에 따라 우선순위를 설정하는 방식이다.

- A(매우 중요하고 반드시 해야 하는 일) : 마감일이 가까운 중요한 업무. 미룰 경우 심각한 결과가 발생할 수 있는 일.
- B(중요하지만 긴급하지 않은 일) : 해야 하지만 A만큼 긴급하지 않은 일. 예를 들어, 부서 회의 준비나 장기 프로젝트 초기 작업.
- C(해야 하지만 중요하지 않은 일) : 다른 사람에게 좋지만, 미뤄도 큰 문제가 없는 일. 예를 들어, 동료의 부탁이나 가벼운 업무.
- D(위임할 수 있는 일) : 다른 사람이 할 수 있는 일. 예를 들어, 데이터 정리나 사무 보조 등.
- E(제거할 수 있는 일) : 시간 낭비 요소. 예를 들어, 불필요한 메모 작성, 반복적인 이메일 체크 등.

할 일을 리스트로 작성하고 각각 A, B, C, D, E로 구분한 뒤, A부터 처리해 나가고, C와 D는 미루거나 위임하며, E는 과감히 제거한다. 예를 들어, 오늘 해야 할 일 중 가장 중요한 일이 "프로젝트 보고서 작성(A)"이라면 이를 먼저 끝내야 하고, "팀 회식 예약(C)"은 나중에 처리하거나 다른 사람에게 맡길 수 있다.

3) 1-3-5 법칙 활용하기

이 방법은 하루에 처리할 일을 9가지로 제한하는 간단한 규칙이다. 가장 중요한 일 1개, 중요한 일 3개, 덜 중요한 일 5개로 나누어 하루를 계획한다. 이를 통해 지나치게 많은 일을 하려는 부담을 줄이고, 현실적인 목표를 세울 수 있다.

- 1(가장 중요한 일 1개) : 오늘 꼭 완료해야 할 핵심 업무.
- 3(중요한 일 3개) : 상대적으로 중요하지만 두 번째 우선순위로 놓을 일.
- 5(덜 중요한 일 5개) : 중요도는 낮지만 가능하면 처리하고 싶은 일들.

하루 시작 전에 1-3-5 법칙에 따라 오늘 해야 할 일들을 목록에 적는다. 예를 들어, '1 : 고객 프레젠테이션 준비', '3 : 이메일 답장, 팀 회의 준비, 서류 정리', '5 : 매출 보고서 검토, 자료 검색, 업무 일정 조정, 개인 교육 영상 시청, 서가 정리'와 같이 적절하게 분배한다.

3. 실전에서의 우선순위 설정의 중요성

우선순위를 잘 설정하는 것은 단순히 일을 더 빨리 끝내기 위한 것이 아니라, 가장 중요한 일에 집중하여 성과를 높이고, 시간을 효율적으로 사용하는 것이다. 예를 들어, 한 회사원이 매일 아침 긴급한 이메일을 처리하는 데 시간을 낭비하고 있다면, 중요한 프로젝트 마감이 지연될 수 있다. 그러나 아이젠하워 매트릭스나 1-3-5 법칙을 사용해 우선순위를 설정하면 중요한 일을 먼저 처리하고 나머지 일을 나중에 할 수 있게 된다.

우선순위 설정의 힘

우선순위를 설정하는 법을 배우면, 해야 할 일이 아무리 많더라도 어디서부터 시작할지 알 수 있고, 중요한 일에 더 집중할 수 있다. 결과적으로 시간을 더 효과적으로 사용하고 스트레스를 줄이며 더 큰 성과를 얻을 수 있다. 이 방법들을 꾸준히 연습하고 적용해보면, 어느새 시간 관리가 훨씬 쉬워질 것이다.

시간 관리 매트릭스 활용하기

시간을 잘 관리하기 위해서는 모든 일을 같은 중요도로 취급하지 않는 것이 중요하다. 해야 할 일의 양이 많을 때는 어떤 것부터 처리해야 할지 혼란스러울 수 있다. 이런 경우, 시간 관리 매트릭스를 활용하면 효과적으로 우선순위를 정할 수 있다. 이 매트릭스는 일을 중요도와 긴급도에 따라 분류해, 가장 중요한 일부터 처리할 수 있도록 돕는다.

시간 관리 매트릭스란?

시간 관리 매트릭스는 미국의 드와이트 D. 아이젠하워 대통령이 사용한 방법으로, 일이 중요도와 긴급도에 따라 네 가지로 분류된다. 이 방법은 스티븐 코비의 저서 "성공하는 사람들의 7가지 습관"에서도 언급되며, 시간 관리 전문가들이 자주 추천하는 효율적인 방법중 하나이다. 매트릭스는 다음과 같은 네 개의 사분면으로 구성된다.

1. 1사분면 : 긴급하고 중요한 일
2. 2사분면 : 긴급하지 않지만 중요한 일
3. 3사분면 : 긴급하지만 중요하지 않은 일
4. 4사분면 : 긴급하지도 중요하지도 않은 일

각 사분면에 해당하는 일의 유형과 처리 방법을 자세히 살펴보자.

1. 1사분면 : 긴급하고 중요한 일

이 사분면에는 즉각적인 대응이 필요한 일, 즉 지금 당장 하지 않으면 큰 문제가 생기는 일들이 포함된다. 마감이 임박한 프로젝트, 고객 불만 해결, 응급 상황 등이 여기에 해당한다. 이런 일들은 반드시 먼저 처리해야 한다.

예를 들어, 오늘까지 마감인 보고서를 작성해야 하는 상황이라면, 이 업무는 긴급하고 중요한 일에 해당한다. 이를 무시하거나 미루면 프로젝트 실패나 업무 성과 하락 등 심각한 결과를 초래할 수 있다. 따라서 하루 일정을 시작할 때 이런 일을 가장 먼저 처리해야 한다.

2. 2사분면 : 긴급하지 않지만 중요한 일

이 사분면에는 장기적인 목표 달성을 위해 중요한 일들이 포함된다. 이들은 당장 긴급하지 않지만, 미리 준비하고 계획할수록 좋은 결과를 얻을 수 있는 일들이다. 개인적인 자기계발, 장기 프로젝트의 기초 작업, 건강 관리 등이 여기에 해당한다.

예를 들어, 새로운 기술을 배우기 위한 학습이나 운동을 통해 건강을 관리하는 일은 긴급하지 않지만 매우 중요한 일이다. 이런 일들은 미루다 보면 장기적으로 더 큰 문제를 초래할 수 있다. 따라서 2사분면에 해당하는 일에 규칙적으로 시간을 할애하고 미리 계획하는 것이 중요하다. 일정표에 매주 특정 시간을 정해두고 이러한 활동에 집중하는 것이 좋다.

3. 3사분면 : 긴급하지만 중요하지 않은 일

이 사분면에는 긴급한 대응이 필요하지만, 사실상 중요하지 않은 일들이 포함된다. 여기에는 회의 요청, 전화 응답, 비상식적인 회의 등이 들어갈 수 있다. 이러한 일들은 다른 사람이 강요하거나 외부 요인에 의해 발생하는 경우가 많으며, 시간과 자원을 많이 소비할 수 있다.

예를 들어, 중요한 업무를 진행 중인데 갑자기 걸려온 전화나 긴급히 참여를 요구하는 회의 요청은 긴급하지만 업무의 핵심 목표와는 관계가 없을 수 있다. 이런 경우, 이 일들을 적절히 위임하거나 거절하는 것이 더 효율적이다. 시간을 확보하기 위해서는 "지금은 바빠서 나중에 통화할게요"라는 식으로 일정 조정이 필요할 수 있다.

4. 4사분면 : 긴급하지도 중요하지도 않은 일

이 사분면에는 시간을 낭비하게 만드는 일들이 포함된다. 소셜 미디어 확인, 무의미한 인터넷 서핑, 불필요한 대화 등이 여기에 해당한다. 이런 일들은 생산성에 전혀 기여하지 않으므로 가능한 한 피하는 것이 좋다.

업무 시간 중에 자주 스마트폰을 확인하거나, 의미 없는 잡담에 시간을 보내는 것은 모두 4사분면의 일들이다. 이런 일들은 자신의 시간과 에너지를 낭비할 뿐 아니라, 중요한 업무에 집중하는 데 방해가 된다. 이러한 활동을 의식적으로 줄이고, 시간을 절약하는 데 집중해야 한다.

시간 관리 매트릭스 활용하기

1. 매일 아침 매트릭스 작성하기

하루를 시작하기 전에, 오늘 해야 할 일을 네 개의 사분면에 맞춰 적어보자. 이를 통해 어떤 일을 먼저 해야 할지 명확하게 파악할 수 있다. 하루가 끝날 때마다 매트릭스를 다시 검토하고, 미처 하지 못한 일이나 다음 날로 넘길 일들을 재정비한다.

2. 2사분면에 집중하기

긴급하지 않지만 중요한 일(2사분면)에 꾸준히 시간을 할애하는 것이 장기적인 성과와 삶의 질 향상에 핵심이다. 예를 들어, 매일 아침 시간을 활용해 자기계발을 위한 학습을 하거나, 주간 계획을 세우는 시간을 정해두는 것이 좋다.

3. 3사분면과 4사분면 최소화하기

긴급하지만 중요하지 않은 일(3사분면)은 가능하면 다른 사람에게 위임하거나 거절하고, 긴급하지도 중요하지 않은 일(4사분면)은 과감히 삭제하거나 최소화한다. 이를 통해 시간을 더 효율적으로 사용할 수 있다.

매트릭스를 통한 효율적인 시간 관리

시간 관리 매트릭스를 활용하면 중요한 일에 집중하고, 불필요한 일에 낭비되는 시간을 줄일 수 있다. 처음에는 모든 일을 분류하는 것이 번거로울 수 있지만, 익숙해지면 어느 순간 자연스럽게 우선순위를 설정하고 관리하는 데 큰 도움이 될 것이다. 이제 이 매트릭스를 활용해 오늘부터 더 나은 시간 관리 습관을 만들어 보자.

03

긴급과 중요한 업무 구분하기

많은 사람들이 해야 할 일들이 산더미처럼 쌓일 때, 무엇을 먼저 해야 할지 판단하기 어려워한다. 일을 처리할 때 긴급한 업무와 중요한 업무를 구분하는 것은 시간 관리의 핵심 원칙 중 하나다. 긴급한 일에 쫓기다 보면 정작 중요한 일을 놓치는 경우가 많기 때문이다. 시간 관리 전문가들은 "긴급한 일"과 "중요한 일"을 명확하게 구분하고, 각 범주에 맞게 처리하는 것이 효율적인 시간 관리의 첫걸음이라고 강조한다.

긴급한 일과 중요한 일의 차이점

긴급한 일은 즉각적인 대응이 필요한 일이다. 이러한 일들은 보통 긴박한 마감일이 있거나 다른 사람의 요청에 의해 발생하며, 바로 대처하지 않으면 부정적인 결과를 초래할 수 있다. 예를 들어, 고객의 불만 처리, 마감일이 가까운 프로젝트, 예기치 않은 사건이나 사고 등이 여기에 해당한다. 긴급한 일은 즉시 해결해야 한다는 압박감을 주기 때문에 긴급성을 띠지만, 반드시 중요한 일은 아닐 수 있다.

반면, **중요한 일**은 장기적인 목표나 가치에 직접적으로 영향을 미치는 일이다. 이러한 일들은 우리의 삶이나 일의 방향에 큰 영향을 미치며, 결과적으로 더 큰 성과와 만족을 가져다줄 수 있다. 중요한 일은 당장 긴급하지 않을 수 있지만, 미래의 성공과 발전을 위해 반드시 해야 할 일들이다. 예를 들어, 장기적인 경력 개발을 위한 교육, 건강관리를 위한 운동, 새로운 사업 기회를 모색하는 일이 여기에 해당한다.

다음은 긴급한 일과 중요한 일을 구분할 수 있는 몇 가지 예시이다.

1. 긴급하고 중요한 일 (1사분면)

- 오늘 마감인 프로젝트 보고서 작성
- 고객의 불만을 즉시 해결하는 일
- 중요한 회의나 프레젠테이션 준비

2. 긴급하지 않지만 중요한 일 (2사분면)

- 자격증 취득을 위한 장기적인 공부
- 정기적인 운동이나 건강 관리

- 팀의 장기 전략 계획 수립

3. 긴급하지만 중요하지 않은 일 (3사분면)

- 동료가 요청한 작은 도움이나 비상 연락

- 반복적인 회의 참석

- 불필요한 이메일 응답

4. 긴급하지도 중요하지도 않은 일 (4사분면)

- 소셜 미디어 확인

- 인터넷 서핑

- 의미 없는 잡담

긴급과 중요한 업무를 구분하는 방법

1. 일의 영향력 생각하기

일이 끝났을 때 그 결과가 장기적으로 어떤 영향을 미칠지 생각해보자. 결과가 크고, 장기적인 목표에 중요한 영향을 미친다면, 그것은 '중요한 일'이다. 반대로, 당장 해결해야 하지만 결과적으로 큰 영향을 미치지 않는 일은 '긴급한 일'에 가깝다. 예를 들어, "프로젝트 보고서를 제출하지 않으면 계약을 잃을 수 있다"는 매우 중요한 일이지만, "동료의 긴급한 요청을 도와주는 것"은 긴급하지만 덜 중요할 수 있다.

2. 장기적인 목표와 일치하는지 검토하기

일을 시작하기 전에 그것이 자신의 장기적인 목표나 가치와 일치하는지 생각해보자. 예를 들어, "영어 자격증 공부"는 장기적으로 경력 발전에 중요할 수 있으므로 중요한 일에 해당한다. 그러나 "소셜 미디어 확인"은 긴급하지도 중요하지 않다. 이처럼 목표와 일치하는 일을 우선시하는 것이 중요하다.

3. 긴급과 중요의 균형 잡기

긴급한 일과 중요한 일을 혼동하지 않도록 주의하자. 긴급한 일에만 매달리면 중요한 일을 놓치게 되고, 그로 인해 장기적인 목표 달성에 실패할 수 있다. 반대로, 중요한 일만 하다 보면 당장 해결해야 할 긴급한 일을 놓칠 수 있다. 따라서 두 가지를 균형 있게 관리하는 것이 필요하다.

실제 적용 방법 : 긴급한 일과 중요한 일 구분하는 연습

1. 일일 체크리스트 작성

매일 아침이나 전날 저녁에 오늘 해야 할 일을 목록으로 작성한 다음, 각 일에 대해 "긴급도"와 "중요도"를 평가해보자. 긴급하고 중요한 일(1사분면)부터 먼저 처리하고, 긴급하지 않지만 중요한 일(2사분면)은 시간을 정해 꾸준히 진행한다. 긴급하지만 중요하지 않은 일(3

사분면)은 다른 사람에게 위임하거나 줄이고, 긴급하지도 중요하지도 않은 일(4사분면)은 과감히 제거한다.

2. 주간 계획 세우기

매주 일요일 저녁에 한 주 동안 해야 할 일을 검토하고, 긴급성과 중요성에 따라 우선순위를 정한다. 이를 통해 매일 바쁘게 일하지 않으면서도 중요한 일을 놓치지 않고 처리할 수 있다.

3. 목표와 우선순위 정기적으로 재검토하기

자신의 목표와 그에 따른 업무 우선순위를 정기적으로 재검토한다. 일이 긴급하지만 중요하지 않은 일로 바뀔 수 있고, 중요한 일이 시간이 지나며 긴급한 일로 변할 수 있기 때문이다.

현명한 우선순위 설정의 힘

긴급한 일과 중요한 일을 구분하는 것은 시간 관리에서 매우 중요한 스킬이다. 이를 잘 구분할 수 있는 능력은 생산성을 높이고, 스트레스를 줄이며, 더 나은 성과를 내는 데 큰 도움이 된다. 이제부터 자신이 해야 할 일들을 긴급성과 중요성으로 나누는 연습을 시작해보자. 시간이 지남에 따라, 이 방법이 얼마나 유용한지 알게 될 것이다.

장기 목표와 단기 목표의 조화

시간 관리에서 장기 목표와 단기 목표는 서로 보완적인 관계에 있다. 장기 목표는 큰 그림을 그리고, 궁극적으로 도달하고자 하는 방향을 제시한다. 반면, 단기 목표는 이를 이루기 위해 매일, 매주 실천해야 할 구체적인 행동들을 의미한다. 이 두 가지가 조화를 이루면, 명확한 비전과 구체적인 실천 계획이 결합되어 효율적인 시간 관리가 가능해진다. 그러나 초보자들은 종종 장기 목표에만 집중하거나 단기 목표만 챙기며 균형을 놓치는 경우가 많다. 여기에서는 장기 목표와 단기 목표의 조화를 이루는 방법과 이를 활용한 시간 관리 전략을 다룬다.

1. 장기 목표와 단기 목표의 차이와 역할

1) 장기 목표의 역할

장기 목표는 몇 개월에서 몇 년 동안 이루고자 하는 큰 방향을 설정한다. 이는 개인의 삶에서 중요한 가치를 반영하며, 큰 의사결정을 내리는 데 기준이 된다. 장기 목표는 시간을 효율적으로 사용하고, 일상에서 중요한 일에 집중하도록 도와주는 나침반과 같은 역할을 한다.

예를 들어, "3년 안에 MBA를 취득한다"는 장기 목표는 직업적 성장과 자기계발이라는 개인의 가치와 연결되어 있다. 이 목표는 단기적으로 무엇에 시간을 투자해야 하는지 명확하게 알려준다.

2) 단기 목표의 역할

단기 목표는 장기 목표를 이루기 위한 구체적인 단계다. 단기 목표는 실천 가능하고, 단기간 내에 성취할 수 있는 목표로 설정된다. 이를 통해 장기 목표가 막연한 꿈이 아니라, 현실적인 계획으로 다가오게 된다.

예를 들어, "이번 달에 MBA 입학시험 대비 문제집 3권을 끝낸다"는 단기 목표는 장기 목표인 MBA 취득에 필요한 실질적인 행동 계획을 나타낸다. 이를 통해 작은 성공 경험을 쌓아 동기 부여를 지속할 수 있다.

2. 장기 목표와 단기 목표의 조화가 필요한 이유

1) 방향성과 실천력의 결합

장기 목표는 방향성을 제공하지만, 단기 목표 없이는 실천력이 부족해질 수 있다. 반대로 단기 목표만 집중하면 큰 그림을 놓치고, 일상에서 효율적으로 시간을 활용하기 어렵다. 이 두 가지가 조화를 이루면 방향성과 실천력이 결합되어 체계적인 시간 관리가 가능해진다.

2) 동기 부여의 유지

장기 목표는 시간이 오래 걸리기 때문에, 중간에 동기를 잃기 쉽다. 단기 목표는 매일 성취감을 제공해 장기 목표에 대한 동기를 유지하게 한다. 예를 들어, 1년 동안 매일 30분씩 외국어를 공부해 유창해지는 것이 장기 목표라면, 매일 단어 10개를 외우는 단기 목표를 통해 작은 성공을 누릴 수 있다.

3) 유연성과 현실성 확보

장기 목표는 종종 예상치 못한 변수에 의해 변경될 수 있다. 단기 목표를 통해 조정 가능한 유연성을 확보하면, 장기 목표의 변화에도 대응할 수 있다. 예를 들어, 직업적 변동이 생길 경우 단기 목표를 재설정해 새로운 장기 목표에 맞게 시간을 조정할 수 있다.

3. 장기 목표와 단기 목표의 조화를 이루는 방법

1) SMART 목표 설정

장기 목표와 단기 목표 모두 구체적이고 측정 가능한 형태로 설정해야 한다. 이를 위해 SMART 원칙을 활용할 수 있다:

- Specific(구체적) : 목표를 명확히 정의한다.(예: "1년 안에 5kg 감량")
- Measurable(측정 가능) : 성과를 측정할 수 있어야 한다.(예: "매일 30분 운동하기")
- Achievable(달성 가능) : 현실적으로 이룰 수 있어야 한다.
- Relevant(관련성) : 장기 목표와 연관성을 가져야 한다.
- Time-bound(시간 제한) : 달성 기한이 있어야 한다.

2) 장기 목표를 작은 단계로 나누기

장기 목표를 달성하기 위해 필요한 단계를 나누어 작은 단기 목표로 설정한다. 예를 들어, "1년 안에 소설 한 권 쓰기"라는 장기 목표를 세웠다면, 이를 "한 달 동안 챕터 하나 쓰기"와 같은 단기 목표로 나눌 수 있다.

3) 일정과 계획에 반영하기

장기 목표와 단기 목표를 실질적으로 실행하기 위해 계획에 반영해야 한다. 예를 들어, 디지털 캘린더나 할 일 관리 도구를 활용해 장기 목표와 단기 목표를 한눈에 볼 수 있도록 정리한다. 이렇게 하면 두 목표가 어떻게 연결되어 있는지 명확하게 이해할 수 있다.

4) 정기적인 목표 검토

장기 목표와 단기 목표의 조화를 유지하려면, 주기적으로 목표를 검토해야 한다. 이를 통해 단기 목표가 장기 목표와 잘 연결되어 있는지 확인하고, 필요하면 조정한다. 예를 들어, 매달 목표 리뷰 시간을 정해 성과를 평가하고, 다음 달 목표를 계획하는 습관을 들일 수 있다.

5) 장기 목표와 단기 목표의 균형 유지

장기 목표에만 몰두하면 일상에서 성취감을 느끼기 어렵고, 단기 목표만 집중하면 큰 그림을 잃을 수 있다. 이를 방지하기 위해, 장기 목표를 이루는 과정에서 단기 목표의 성취를 기념하며 균형을 유지해야 한다. 예를 들어, 단기 목표를 달성했을 때 작은 보상을 제공하는 것도 좋은 방법이다.

4. 장기 목표와 단기 목표 조화를 통한 시간 관리 사례

〈사례 1 : 외국어 학습〉

- 장기 목표 : 1년 안에 영어로 간단한 회화를 할 수 있게 된다.
- 단기 목표 : 매일 30분씩 영어 회화 연습을 하고, 매달 영어 팟캐스트 10개를 듣는다.
- 실천 방법 : 매일 목표를 달성한 후 체크리스트를 확인하고, 매달 말에 성취도를 평가한다. 이를 통해 매일의 작은 목표가 장

기 목표와 어떻게 연결되어 있는지 느낄 수 있다.

〈사례 2 : 건강 관리〉

- 장기 목표 : 6개월 안에 체지방률 5% 감소
- 단기 목표 : 매일 10,000보 걷기와 주 3회 헬스장 방문
- 실천 방법 : 매일 걸음 수를 기록하고, 매주 운동 성과를 점검하며, 매달 체지방률 변화를 확인한다. 이렇게 하면 단기 목표가 장기 목표 달성에 기여하고 있음을 실감할 수 있다.

〈사례 3 : 직업적 성장〉

- 장기 목표 : 2년 안에 현재 직장에서 팀장 승진
- 단기 목표 : 매주 2개의 관련 업무 역량 강화 강의 수강 및 1건의 업무 개선 프로젝트 수행
- 실천 방법 : 매달 말 업무 성과를 검토하며, 단기 목표 성과를 통해 장기 목표 달성에 가까워지고 있음을 평가한다.

5. 장기 목표와 단기 목표 조화의 어려움과 극복 방안

1) 목표 간 우선순위 충돌

장기 목표와 단기 목표가 서로 충돌할 때가 있다. 예를 들어, 장기적으로는 새로운 기술을 배우는 것이 중요하지만, 단기적으로는 현재 업

무가 바쁜 경우 목표 충돌이 발생할 수 있다. 이럴 때는 목표의 우선순위를 재조정하거나, 단기 목표를 유연하게 변경하는 것이 필요하다.

2) 목표 조정의 필요성

장기 목표는 시간이 지나면서 환경 변화나 개인의 우선순위 변화에 따라 수정이 필요할 수 있다. 예를 들어, 직업적 목표가 바뀌면 기존의 단기 목표도 조정해야 한다. 이를 위해 목표 검토 시간을 정기적으로 가지는 것이 중요하다.

3) 동기 저하 극복

장기 목표는 시간이 오래 걸리기 때문에 동기가 떨어질 수 있다. 이를 방지하기 위해 단기 목표를 통해 작은 성공을 쌓고, 이를 자주 기념하며 동기를 유지하는 것이 중요하다.

장기 목표와 단기 목표의 조화는 시간 관리에서 매우 중요한 요소다. 장기 목표는 방향성을 제시하고, 단기 목표는 구체적인 행동 계획을 제공한다. 이 두 가지가 조화를 이루면 더 체계적이고 효율적인 시간 관리가 가능하며, 궁극적으로 목표 달성에 한 걸음 더 가까워질 수 있다. 장기 목표와 단기 목표를 조화롭게 설정하고 이를 실천하는 습관을 들이면, 시간 관리는 단순히 계획 세우기를 넘어 삶을 주도적으로 이끌어가는 강력한 도구가 될 것이다.

우선순위를 쉽게 결정하는 질문법

시간 관리의 핵심은 우선순위를 잘 정하는 데 있다. 그러나 초보자에게 우선순위를 정하는 과정은 막연하게 느껴질 수 있다. 수많은 할 일 중 어떤 것을 먼저 해야 하는지 고민하다 보면 시간이 낭비되기 쉽다. 이럴 때 효과적인 질문법을 활용하면 혼란을 줄이고, 빠르고 명확하게 우선순위를 정할 수 있다. 아래에서는 우선순위를 쉽게 결정할 수 있는 다양한 질문법과 그 적용 방법을 살펴본다.

1. 우선순위 결정의 필요성

우선순위를 정하지 않으면 다음과 같은 문제가 발생한다.

- 중요한 일을 놓치고 긴급하지 않은 일에 시간을 허비하게 된다.
- 업무량이 많을수록 어디서부터 시작해야 할지 몰라 생산성이

떨어진다.

- 스트레스가 증가하고 목표 달성이 어려워진다.

반면, 우선순위를 명확히 하면 중요한 일부터 처리해 시간 활용의 효율성을 높일 수 있다. 이를 통해 스트레스를 줄이고, 목표에 한 걸음 더 다가갈 수 있다.

2. 우선순위를 쉽게 결정하는 질문법

효과적인 질문법은 해야 할 일의 중요성과 긴급성을 빠르게 파악할 수 있도록 도와준다. 다음은 우선순위를 결정할 때 사용할 수 있는 질문들이다.

1) "이 일이 나의 목표에 얼마나 중요한가?"

이 질문은 어떤 일이 장기적인 목표와 연결되어 있는지를 파악하는 데 유용하다. 목표와 관련이 깊은 일일수록 우선순위를 높게 두어야 한다. 예를 들어, "현재 맡은 프로젝트가 회사의 성장과 얼마나 연관이 있는가?"라는 질문을 던져볼 수 있다. 이 질문을 통해 목표와 직접적으로 연관된 중요한 업무에 집중할 수 있다.

2) "지금 하지 않으면 큰 문제가 생길까?"

긴급성과 관련된 질문이다. 어떤 일이 반드시 지금 해결되어야 하는지 판단하려면, 그 일을 미루었을 때 발생할 수 있는 결과를 상상해보는 것이 도움이 된다. 예를 들어, "이 보고서를 오늘 제출하지 않으면 프로젝트 일정에 차질이 생길까?"라는 질문을 스스로에게 던져볼 수 있다. 긴급하지만 중요하지 않은 일은 미루거나 위임할 수 있다.

3) "이 일을 내가 꼭 해야 할까?"

업무의 책임 소재를 파악하는 질문이다. 모든 일을 직접 처리할 필요는 없다. 이 질문은 특정 업무를 다른 사람에게 위임할 수 있는지 판단하는 데 유용하다. 예를 들어, "팀원에게 위임해도 문제가 없을까?"라고 자문해보면, 중요한 일에 더 많은 시간을 투자할 수 있다.

4) "이 일이 나에게 어떤 가치를 가져다줄까?"

이 질문은 해야 할 일의 결과가 개인적, 직업적으로 얼마나 가치 있는지를 판단하게 해준다. 가령, "이 일을 마쳤을 때 내가 배울 수 있는 것은 무엇인가?" 혹은 "이 일이 나의 커리어에 어떤 영향을 미칠까?"와 같은 질문이 이에 해당한다. 장기적인 가치를 높이는 일에 시간을 우선적으로 배정해야 한다.

5) "이 일이 다른 사람에게 어떤 영향을 미칠까?"

협업 환경에서는 자신의 일이 다른 사람이나 팀 전체에 어떤 영향을 미칠지 고려하는 것이 중요하다. 예를 들어, "내가 이 일을 늦추면 팀 프로젝트가 지연될까?"라는 질문은 자신뿐만 아니라 주변 사람에게 미칠 영향을 파악하게 해준다. 이는 팀워크와 책임감을 바탕으로 우선순위를 정하는 데 도움을 준다.

6) "시간 대비 결과가 얼마나 클까?"

효율성을 판단하는 질문이다. "이 일이 나에게 주어진 시간 안에 얼마나 큰 성과를 가져다줄 수 있는가?"를 자문하면, 시간을 많이 쓰지 않아도 큰 결과를 낼 수 있는 일에 우선순위를 줄 수 있다. 예를 들어, 짧은 시간 안에 높은 성과를 가져올 수 있는 일부터 시작하면 전체적인 생산성을 높일 수 있다.

3. 질문법을 활용한 우선순위 설정 전략

1) 시간과 에너지 활용 전략

"시간 대비 결과가 얼마나 클까?"라는 질문을 활용해, 짧은 시간에 높은 성과를 낼 수 있는 업무를 먼저 처리하고, 시간이 오래 걸리는 일은 에너지가 높은 시간대에 배치한다. 예를 들어, 중요한 보고서 작성은 집중력이 높은 아침 시간에, 단순 업무는 오후로 미룬다.

2) 실행 가능한 목표 설정

질문법을 통해 우선순위를 정한 뒤, 이를 실행 가능한 목표로 전환한다. "지금 하지 않으면 큰 문제가 생길까?"라는 질문에 대한 답이 "예"라면, 그 업무를 구체적인 작업 단위로 나누고, 계획에 반영한다. 예를 들어, "오늘 보고서 초안 작성, 내일 검토"와 같이 업무를 세분화하면 실행 가능성이 높아진다.

4. 우선순위 설정 질문법의 실생활 적용 사례

〈사례 1 : 프로젝트 관리〉

- 질문 : 이 프로젝트가 회사의 전략 목표에 얼마나 중요한가?
- 결정 : 중요한 프로젝트는 즉시 착수하고, 덜 중요한 업무는 위임하거나 나중으로 미룬다.

〈사례 2 : 개인적인 목표 설정〉

- 질문 : 이 일이 나의 장기 목표와 연결되어 있는가?
- 결정 : 장기적으로 가치 있는 일(예 : 외국어 학습)을 매일 일정 시간 동안 우선적으로 배정한다.

〈사례 3 : 업무량 조정〉

- 질문 : 이 일을 내가 꼭 해야 할까?
- 결정 : 단순 반복적인 업무는 팀원에게 위임하고, 중요한 전략적 결정에 시간을 집중한다.

5. 우선순위 설정 질문법 사용 시 유의점

1) 너무 많은 질문으로 혼란을 초래하지 않기

질문법은 효율적으로 우선순위를 정하는 데 유용하지만, 질문이 너무 많으면 오히려 결정을 지연시킬 수 있다. 주요 질문 몇 가지를 선택해 활용하는 것이 중요하다.

2) 지나치게 긴급한 일에만 치우치지 않기

"지금 하지 않으면 큰 문제가 생길까?"라는 질문만으로 우선순위를 정하면, 긴급하지만 중요하지 않은 일에 치우칠 위험이 있다. 반드시 중요한 일에 더 높은 우선순위를 부여해야 한다.

3) 유연성 유지

질문법을 활용한 우선순위 설정은 상황에 따라 유연하게 조정될 수 있어야 한다. 예를 들어, 갑작스러운 일정 변경이나 예상치 못한 일이 생길 경우 우선순위를 재조정해야 한다.

우선순위를 쉽게 결정하는 질문법은 시간 관리에서 가장 중요한 기술 중 하나다. 질문법은 초보자도 간단히 활용할 수 있으며, 일의 중요성과 긴급성을 빠르게 파악해 체계적으로 우선순위를 정하는 데 도움을 준다. 위에서 제시한 질문을 적용하면 중요한 일에 시간을 집중하고, 덜 중요한 일은 위임하거나 제거할 수 있다. 이를 통해 더욱 효율적으로 시간을 관리하고, 개인적, 직업적 목표를 더 효과적으로 달성할 수 있을 것이다.

4장

생산성을 높이는 방법

집중력 높이는 기술

집중력은 생산성을 높이는 데 가장 중요한 요소 중 하나다. 집중력이 떨어지면 일의 효율이 낮아지고, 업무를 끝내는 데 더 많은 시간이 걸리게 된다. 따라서 집중력을 높이는 몇 가지 기술을 배우고 실천하면 업무 성과를 크게 개선할 수 있다.

1. 환경 정리하기

집중력을 높이기 위해서는 우선적으로 작업 환경을 정리해야 한다. 주변이 어수선하면 시각적인 방해 요소가 되어 집중을 방해할 수 있다. 책상 위에 불필요한 물건이 많으면 주의가 산만해지고, 중요한 일에 집중하기 어려워진다.

작업에 필요한 것만 책상 위에 두고, 나머지는 모두 정리한다. 예를 들어, 노트북, 필기구, 관련 자료만 남겨두고 나머지 물건은 서랍에 넣어둔다. 또한, 주변을 깨끗하게 유지하면 심리적으로도 안정감을 느껴 더 잘 집중할 수 있다.

2. 포모도로 기법 활용하기

포모도로 기법은 시간을 짧게 나누어 집중하는 방법이다. 이 방법은 25분간 집중해서 일하고, 5분간 휴식하는 과정을 반복한다. 포모도로 기법은 짧은 시간 동안 집중을 유지할 수 있게 하고, 규칙적인 휴식을 통해 피로를 줄여준다.

타이머를 사용하여 25분간 집중해서 일하고, 5분 동안 스트레칭을 하거나 간단한 휴식을 취한다. 이 과정을 4번 반복한 후에는 15~30분 정도의 긴 휴식을 가진다. 이를 통해 집중력을 유지하면서도 장시간 일할 수 있다.

3. 멀티태스킹을 피하기

멀티태스킹은 여러 일을 동시에 처리하는 것처럼 보이지만, 실제로는 효율을 낮춘다. 여러 가지 일을 동시에 하려 할 때 집중력이 분산되어 각 일의 품질이 떨어질 수 있다.

하나의 일에만 집중하고, 그 일을 끝낸 후 다음 일로 넘어가는 것이 좋다. 예를 들어, 이메일을 확인하면서 회의 자료를 준비하는 대신, 먼저 회의 자료를 준비하고 나중에 이메일을 확인하는 것이다. 이렇게 하면 각각의 일에 더 깊이 집중할 수 있어 더 빠르고 정확하게 일을 끝낼 수 있다.

4. 집중력을 방해하는 요인 제거하기

집중을 방해하는 요소들을 미리 파악하고 제거하는 것도 중요한 방법이다. 스마트폰 알림, 주변의 소음, 불필요한 웹 서핑 등이 대표적인 방해 요소이다.

일을 시작하기 전에 스마트폰을 무음 모드로 설정하거나 알림을 꺼둔다. 소음을 차단하기 위해 노이즈 캔슬링 이어폰을 사용하거나, 백색 소음(white noise) 애플리케이션을 활용할 수도 있다. 불필요한 웹사이트나 소셜 미디어 사용을 제한하기 위해 특정 프로그램을 설치하는 것도 효과적이다.

5. 명상과 심호흡 연습

명상과 심호흡은 마음을 차분하게 하고 스트레스를 줄여 집중력을 높이는 데 도움이 된다. 명상은 생각을 정리하고, 마음을 안정시키는 역할을 한다.

하루 중 짧은 시간이라도 명상을 하거나 심호흡을 하는 시간을 가진다. 예를 들어, 하루에 5분씩 눈을 감고 천천히 심호흡을 하며 현재 순간에 집중하는 연습을 한다. 이를 통해 마음이 안정되고, 일에 더 깊이 몰입할 수 있는 준비가 된다.

6. 목표와 보상 설정하기

집중을 유지하기 위해서는 명확한 목표와 보상이 필요하다. 목표가 구체적일수록 집중하기 쉽고, 목표를 달성했을 때 작은 보상을 설정하면 동기부여가 된다.

매일 작은 목표를 설정하고, 이를 달성할 때마다 자신에게 보상을 주는 것이다. 예를 들어, "1시간 동안 보고서를 작성하면 10분 동안 좋아하는 음악을 듣는다"와 같이 작은 보상을 설정해 집중을 유지하도록 한다.

집중력 높이기 연습하기

집중력은 생산성을 크게 좌우하는 중요한 요소이다. 환경 정리, 포모도로 기법 활용, 멀티태스킹 피하기, 방해 요소 제거, 명상, 심호흡, 목표와 보상 설정 등 여러 기술을 통해 집중력을 효과적으로 높일 수 있다. 이러한 방법들을 일상 속에서 꾸준히 실천해보자. 초보자라도 집중력을 높이는 기술을 익히고 나면, 더욱 효율적으로 일할 수 있을 것이다.

하루를 계획하는 방법

효과적인 하루 계획은 생산성을 높이고, 목표를 더 쉽게 달성하게 만드는 중요한 기술이다. 많은 사람들이 바쁜 하루를 보내면서도 정작해야 할 일을 놓치거나 미루게 되는 이유는 명확한 계획 없이 일을 시작하기 때문이다. 하루를 제대로 계획하면 우선순위를 정하고, 시간을 효율적으로 활용하여 더 많은 일을 해낼 수 있다. 초보자들도 쉽게 따라 할 수 있는 하루 계획 방법을 알아보자.

1. 전날 저녁에 미리 계획 세우기

하루를 효과적으로 계획하는 첫 번째 단계는 전날 저녁에 다음 날의 계획을 미리 세우는 것이다. 하루를 시작하기 전에 미리 계획을 세우면 아침부터 혼란 없이 목표를 향해 움직일 수 있다. 미리 계획을 세우면 중요한 일에 바로 집중할 수 있고, 아침의 소중한 시간을 절약할 수 있다.

잠자리에 들기 전, 다음 날 해야 할 일들을 목록으로 작성하고, 각 일의 중요도와 긴급도를 평가한다. 예를 들어, 다음 날 해야 할 일들을 적고 우선순위를 정하는 것이다. 이를 통해 아침에 일어나자마자 바로 중요한 일부터 시작할 수 있다.

2. 중요한 일 먼저 하기(Eat the Frog 기법)

"Eat the Frog" 기법은 마크 트웨인의 격언에서 유래된 방법으로, 하루 중 가장 어려운 일이나 중요한 일을 먼저 처리하라는 의미다. 하루를 시작할 때 가장 큰 난관이나 꺼려지는 일을 먼저 해결하면 나머지 시간 동안 부담감 없이 더 효율적으로 일할 수 있다.

하루의 시작에 가장 중요한 일 또는 가장 어렵고 꺼려지는 일을 먼저 계획에 넣고 처리한다. 예를 들어, 중요한 프로젝트 보고서 작성이나 고객 프레젠테이션 준비와 같은 일을 아침 첫 시간에 끝내는 것이다. 이렇게 하면 그날의 중요한 일이 해결되어 더 큰 성취감을 느끼고, 다른 일들도 더 쉽게 해결할 수 있다.

3. 할 일 목록 작성하기(To-Do List)

할 일 목록을 작성하는 것은 계획을 명확하게 하고, 해야 할 일을 체계적으로 관리할 수 있는 가장 기본적인 방법이다. 할 일 목록을 사용하면 중요한 일과 덜 중요한 일을 구분할 수 있고, 어떤 일에 집중해야 할지 명확해진다.

매일 아침 또는 전날 저녁, 해야 할 일들을 목록으로 작성한다. 이 목록을 작성할 때는 먼저 중요한 일과 긴급한 일을 맨 위에 배치하고, 중요도에 따라 나머지 일을 나열한다. 목록 작성 후 각 항목을 체크리스트로 만들어 일을 마칠 때마다 체크해나간다. 예를 들어, "오전 10시까지 보고서 작성 완료, 오후 1시까지 팀 회의 준비, 오후 3시 이메일 답변"과 같이 시간과 목표를 명확히 적어두는 것이다.

4. 시간 블록 활용하기(Time Blocking)

시간 블록 기법은 하루를 여러 시간 블록으로 나누어 각각의 블록에 특정 작업을 할당하는 방법이다. 이 방법은 집중력을 높이고, 일을 효율적으로 처리할 수 있도록 돕는다. 시간 블록을 활용하면 어떤 시간에 무엇을 할지 명확해져 방해 요소를 줄일 수 있다.

하루를 아침, 오전, 점심, 오후, 저녁 등으로 나누고 각 블록마다 처리할 일을 계획한다. 예를 들어, "오전 9시~10시 : 이메일 답변, 오전 10시~12시 : 프로젝트 자료 조사, 오후 1시~3시 : 고객 프레젠테이션 준비"와 같이 시간을 구체적으로 배분한다. 이렇게 하면 각 업무에 충분한 시간을 할애할 수 있고, 일정에 맞춰 더 효과적으로 일할 수 있다.

5. 휴식 시간 계획하기

계속해서 일만 하다 보면 쉽게 지치고 집중력이 떨어질 수 있다. 따라서 휴식 시간을 계획에 포함하여 적절한 리프레시 시간을 갖는 것이 중요하다. 휴식 시간은 단순히 쉬는 것이 아니라, 다음 업무에 더 잘 집중할 수 있게 도와주는 역할을 한다.

일하는 중간중간에 짧은 휴식 시간을 계획에 포함시킨다. 예를 들어, 매 1시간마다 5분 정도 휴식을 취하거나, 2시간 일한 후 15분간 스트레칭을 하거나 산책을 하는 것이다. 이를 통해 뇌를 쉬게 하고, 새로운 활력을 얻을 수 있다.

6. 목표와 성과 점검하기

하루의 마지막에는 자신이 계획한 일을 얼마나 달성했는지 점검하는 것이 필요하다. 이를 통해 자신의 성과를 확인하고, 개선해야 할 부분을 파악할 수 있다. 목표와 성과를 점검하면 다음 날의 계획을 더 효율적으로 세울 수 있다.

하루가 끝나기 전, 할 일 목록을 다시 살펴보며 완료한 일과 미완료한 일을 체크한다. 완료한 일은 다음 날 계획에 반영할 참고 자료가 되고, 미완료한 일은 다음 날로 넘기거나 우선순위를 재설정한다. 이를 통해 계획의 실효성을 검토하고, 다음 날 더 나은 계획을 세울 수 있다.

하루 계획의 중요성

하루를 계획하는 것은 단순히 해야 할 일을 나열하는 것이 아니라, 시간을 효율적으로 활용하고 목표를 명확히 하는 과정이다. 전날 저녁에 미리 계획을 세우고, 중요한 일을 먼저 처리하며, 할 일 목록과 시간 블록을 활용하는 방법으로 하루를 계획하면, 초보자도 쉽게 더 많은 일을 해낼 수 있을 것이다. 이 방법들을 꾸준히 실천하여 생산성을 극대화하고 더 나은 성과를 만들어 보자.

휴식과 업무의 균형 잡기

많은 사람들이 생산성을 높이기 위해 더 열심히, 더 오래 일해야 한다고 생각한다. 하지만 과도하게 일만 하고 충분한 휴식을 취하지 않으면 오히려 집중력이 떨어지고, 피로감이 누적되어 장기적인 성과에도 부정적인 영향을 미칠 수 있다. 따라서 휴식과 업무의 균형을 잘 잡는 것이 중요하다. 이를 통해 더 효율적으로 일하고, 스트레스를 줄이며, 전반적인 삶의 질을 향상시킬 수 있다.

1. 휴식의 중요성 이해하기

휴식은 단순히 일을 멈추고 쉬는 것이 아니라, 몸과 마음을 재충전하고 에너지를 회복하는 중요한 과정이다. 적절한 휴식을 통해 우리는 집중력을 되찾고, 창의성을 높이며, 스트레스를 완화할 수 있다. 휴식 없이 계속 일하게 되면 피로가 쌓이고, 결과적으로 업무 효율이 낮아지게 된다.

예를 들어, 하루 종일 쉬지 않고 일만 한다면 점차적으로 피로가 누적되어 작업 속도가 느려지고 실수가 늘어날 수 있다. 하지만 중간중간 짧은 휴식을 취하면 뇌와 몸이 회복되어 더 효과적으로 일할 수 있다.

2. 효과적인 휴식 방법

1) 짧고 자주 휴식하기(마이크로 브레이크 기법)

짧고 자주 하는 휴식(마이크로 브레이크)은 긴 시간 일하는 것보다 더 효과적이다. 5분에서 10분 정도의 짧은 휴식을 자주 취하면 집중력을 유지하고, 피로를 줄일 수 있다. 연구에 따르면, 짧고 자주 휴식을 취하는 것이 더 긴 휴식보다 뇌의 에너지를 더 효과적으로 회복시키는 데 도움이 된다고 한다.

25분에서 30분 동안 집중해서 일한 후 5분간 스트레칭을 하거나, 산책을 하며 짧은 휴식을 취하는 것이다. 이렇게 하면 집중력이 높아지고, 더 긴 시간 동안 효율적으로 일할 수 있다.

2) 깊은 휴식과 재충전 시간 가지기

짧은 휴식뿐만 아니라 깊은 휴식 시간도 필요하다. 하루에 한두 번 정도 긴 휴식을 취해 몸과 마음을 완전히 재충전하는 것이 중요하다. 예를 들어, 점심시간에 30분 정도 산책하거나, 업무를 멈추고 잠깐의 명상 시간을 가지는 것이 도움이 된다.

하루 중 일정한 시간을 정해 깊은 휴식을 취하는 시간을 가진다. 점심 식사 후 20분간 조용한 곳에서 눈을 감고 명상을 하거나, 일상 속에서 자연을 느끼는 시간을 갖는다. 이런 방법은 몸과 마음의 긴장을 풀어주고, 이후 업무에 더 잘 집중할 수 있도록 돕는다.

3. 휴식의 유형 다양화하기

모든 휴식이 동일한 효과를 주는 것은 아니다. 따라서 휴식의 유형을 다양화하여 상황에 맞게 활용하는 것이 중요하다. 정신적으로 피로할 때는 명상이나 독서 같은 조용한 휴식을, 신체적으로 피로할 때는 스트레칭이나 가벼운 운동 같은 활동적인 휴식을 하는 것이 좋다.

업무 중간에 스트레칭이나 산책과 같은 가벼운 운동을 하고, 정신적 휴식이 필요할 때는 조용한 곳에서 눈을 감고 5분간 명상을 한다. 또한, 가끔씩 재미있는 동영상 시청이나 음악 감상으로 기분 전환을 하는 것도 좋은 방법이다.

4. 업무와 휴식의 리듬 만들기(Work-Rest Rhythm)

업무와 휴식을 교대로 반복하는 리듬을 만드는 것은 생산성을 높이는 데 매우 효과적이다. 일정한 업무 시간 후 반드시 휴식 시간을 가지는 습관을 들이면, 장기적으로 업무의 효율성과 집중력을 유지할 수 있다. 이런 리듬은 지치지 않고 지속해서 일할 수 있도록 도와준다.

5. 휴식 시간에 나만의 루틴 만들기

휴식을 효과적으로 취하기 위해서는 나만의 휴식 루틴을 만드는 것이 좋다. 루틴이 있으면 매번 어떻게 쉴지 고민할 필요가 없어지며, 더 효율적으로 휴식을 취할 수 있다.

아침에는 스트레칭을 하거나 가벼운 운동을 하고, 점심시간에는 산책을 하며, 저녁에는 따뜻한 차를 마시며 명상을 하는 식으로 나만의 휴식 루틴을 만들어보자. 이를 통해 몸과 마음이 안정되고, 휴식 후 업무에 더 잘 몰입할 수 있게 된다.

휴식과 업무의 균형을 잡자

휴식은 더 많은 일을 하기 위해 무조건 쉬지 않고 일하는 것보다 훨씬 더 큰 성과를 낼 수 있게 해주는 중요한 요소다. 짧은 휴식과 깊은 휴식을 적절히 활용하고, 휴식의 유형을 다양화하여 신체와 정신을 재충전하는 방법을 배워보자. 이 방법들을 통해 초보자도 더 건강하고 행복하게, 그리고 효율적으로 일할 수 있을 것이다.

멀티태스킹의 장단점 이해하기

현대 사회에서는 멀티태스킹이 능력 있는 사람의 필수 덕목처럼 여겨지곤 한다. 하지만 멀티태스킹은 반드시 효율적이지만은 않다. 어떤 상황에서는 도움이 되지만, 잘못된 방식으로 적용하면 오히려 생산성을 저하시킬 수 있다. 멀티태스킹의 장단점을 이해하고, 이를 효과적으로 활용하는 방법을 알면 시간 관리를 더 효율적으로 할 수 있다.

1. 멀티태스킹이란 무엇인가?

멀티태스킹(Multitasking)은 여러 가지 일을 동시에 처리하는 것을 의미한다. 예를 들어, 이메일을 확인하면서 회의 자료를 준비하거나, 전화 통화를 하며 메모를 작성하는 것이 이에 해당한다. 기술의 발전으로 스마트폰과 컴퓨터를 통해 멀티태스킹이 더욱 쉬워졌지만, 인

간의 뇌는 본질적으로 하나의 작업에 집중하도록 설계되어 있다. 이 때문에 멀티태스킹이 효과적일 때와 그렇지 않을 때를 구분하는 것이 중요하다.

2. 멀티태스킹의 장점

1) 시간 절약

간단하고 반복적인 작업을 멀티태스킹으로 처리하면 시간을 절약할 수 있다. 예를 들어, 설거지를 하면서 팟캐스트를 듣는 경우 두 가지 작업을 동시에 완료할 수 있다. 이런 식으로 멀티태스킹은 신체적 움직임을 수반하지 않는 간단한 작업에 적합하다.

2) 루틴 작업에서의 효율성

익숙하고 자동화된 작업은 멀티태스킹으로 처리할 때 효율성이 높아질 수 있다. 예를 들어, 운동을 하면서 온라인 강의를 듣는 것은 운동과 학습이라는 두 가지 목표를 동시에 달성하는 방법이 될 수 있다.

3) 특정 환경에서의 필요성

일부 직업에서는 멀티태스킹이 필수적이다. 예를 들어, 고객 서비스 담당자는 전화를 받으면서 동시에 고객 정보를 검색하거나 메모를 작성해야 할 수 있다. 이런 경우 멀티태스킹 능력은 업무의 필수 요소로 작용한다.

3. 멀티태스킹의 단점

1) 집중력 저하

멀티태스킹을 하면 뇌가 한 작업에서 다른 작업으로 빠르게 전환해야 한다. 이 과정에서 집중력이 분산되고, 각 작업의 질이 낮아질 수 있다. 예를 들어, 이메일을 작성하면서 전화 통화를 하면, 둘 중 하나에서 실수를 저지르기 쉽다.

2) 작업 속도 감소

멀티태스킹은 동시에 여러 가지 일을 처리하는 것처럼 보이지만, 실제로는 뇌가 작업 간 전환에 시간을 소모하게 되어 작업 속도가 느려질 수 있다. 연구에 따르면 한 가지 일에만 집중했을 때보다 멀티태스킹을 할 때 업무 완료 시간이 더 길어진다.

3) 스트레스 증가

여러 작업을 동시에 처리하려고 하면 뇌가 과부하 상태에 빠질 수 있다. 이로 인해 스트레스가 증가하고, 장기적으로는 번아웃을 유발할 수 있다. 특히 복잡하고 중요한 작업을 멀티태스킹으로 처리하려고 하면 압박감이 더 커진다.

4) 실수와 오류 가능성 증가

멀티태스킹은 주의가 분산되기 때문에 실수와 오류를 초래할 가능성이 높다. 예를 들어, 회의 자료를 준비하면서 동시에 이메일에 답장을 쓰는 경우, 자료의 내용이 부정확하거나 이메일의 문장이 어색할 수 있다.

4. 멀티태스킹의 효과적 활용 방법

1) 적합한 작업 선택

모든 작업이 멀티태스킹에 적합한 것은 아니다. 간단하고 반복적인 작업을 멀티태스킹으로 처리하고, 창의적이거나 복잡한 작업은 단일 작업으로 처리하는 것이 좋다. 예를 들어, 운동을 하며 음악을 듣는 것은 적합하지만, 복잡한 보고서를 작성하면서 다른 작업을 병행하는 것은 피해야 한다.

2) 우선순위 기반 작업

멀티태스킹이 필요할 때는 우선순위를 정해 중요하지 않은 작업과 중요한 작업을 분리해야 한다. 중요한 작업에는 온전히 집중하고, 덜 중요한 작업은 멀티태스킹으로 처리할 수 있다. 예를 들어, 중요한 전화 회의 중에는 메모 작성이나 간단한 검색만 함께 진행하는 것이 적절하다.

3) 집중 시간이 필요한 작업 구분

집중력이 필요한 작업은 멀티태스킹에서 제외하는 것이 좋다. 예를 들어, 재무 보고서 작성, 창의적인 아이디어 브레인스토밍 등은 단일 작업으로 처리하는 것이 효율적이다. 이러한 작업은 깊이 있는 사고와 높은 집중력을 요구하기 때문이다.

4) 작업 간 전환 최소화

멀티태스킹을 하더라도 작업 간 전환 횟수를 최소화하면 효율성을 높일 수 있다. 예를 들어, 이메일을 확인할 때 한 번에 여러 개를 처리하고, 그 이후에는 이메일 확인을 중단하는 방식으로 전환을 줄일 수 있다.

5) 시간 구획화

멀티태스킹을 효율적으로 활용하려면 시간을 구획화하여 각 작업에 필요한 시간을 미리 정해 두는 것이 효과적이다. 예를 들어, 오전에는 단일 작업에 집중하고, 오후에는 멀티태스킹이 가능한 간단한 작업을 처리하는 방식이다.

5. 멀티태스킹을 피해야 하는 상황

1) 복잡한 문제를 해결할 때

문제 해결에는 깊이 있는 사고와 집중력이 필요하다. 복잡한 문제를 멀티태스킹으로 해결하려고 하면 실수가 증가하고, 해결 시간이 길어질 수 있다.

2) 사람들과의 소통이 필요한 경우

대화나 회의 중 멀티태스킹을 시도하면 상대방에게 집중하지 않는다는 인상을 줄 수 있다. 이는 신뢰를 저하시킬 수 있으며, 중요한 내용을 놓치는 결과를 초래할 수 있다.

3) 학습과 관련된 작업

새로운 정보를 배우거나 복잡한 개념을 이해해야 하는 경우, 멀티태스킹은 학습 효과를 저하시킬 수 있다. 예를 들어, 강의를 들으면서 다른 작업을 하면 강의 내용을 충분히 이해하지 못할 가능성이 크다.

6. 멀티태스킹과 단일 작업의 균형 유지

멀티태스킹은 적절하게 사용하면 효율성을 높일 수 있지만, 무조건적인 멀티태스킹은 오히려 생산성을 떨어뜨릴 수 있다. 따라서 멀티태스킹과 단일 작업의 균형을 유지하는 것이 중요하다. 이를 위해 다음과 같은 전략을 사용할 수 있다.

1) 하루 일정을 구분

중요한 작업과 단순 작업을 분리하고, 중요한 작업은 단일 작업 시간에 처리한다. 예를 들어, 오전에는 집중해야 하는 일을 처리하고, 오후에는 단순 업무나 멀티태스킹이 가능한 작업을 배치한다.

2) 실험적 접근

자신에게 어떤 방식이 가장 효과적인지 실험해보는 것도 좋은 방법이다. 예를 들어, 며칠 동안 단일 작업만 실행한 후, 멀티태스킹을 실행했을 때의 결과를 비교해보자. 이를 통해 자신의 작업 스타일에 가장 적합한 방식을 찾을 수 있다.

멀티태스킹은 적절히 활용하면 시간과 에너지를 절약할 수 있는 유용한 도구지만, 잘못된 방식으로 사용하면 생산성과 집중력을 저하시킬 수 있다. 멀티태스킹의 장단점을 명확히 이해하고, 작업의 특성에 따라 단일 작업과 멀티태스킹을 유연하게 조합하면 효율적인 시간 관리를 이룰 수 있다. 중요한 것은 멀티태스킹을 맹목적으로 활용하지 않고, 자신의 목표와 작업 스타일에 맞게 선택적으로 활용하는 것이다. 이를 통해 시간 관리를 더 체계적으로 하고, 스트레스를 줄이며, 목표를 효과적으로 달성할 수 있다.

에너지 레벨에 맞춘 시간 배분법

시간 관리를 효율적으로 하기 위해서는 단순히 일정을 정하는 것을 넘어, 자신의 에너지 레벨에 따라 시간을 배분하는 것이 중요하다. 사람은 하루 중 에너지 수준이 일정하지 않으며, 특정 시간대에 집중력이 최고조에 달하는 반면 다른 시간대에는 피로감을 느낀다. 이를 이해하고 활용하면 중요한 일을 효과적으로 처리할 수 있고, 생산성을 극대화할 수 있다.

1. 에너지 레벨과 시간 관리의 연관성

1) 에너지의 자연적 리듬 이해하기

사람마다 하루 동안 에너지의 상승과 하락을 경험하는 자연스러운 리듬이 있다. 이를 서캐디언 리듬(circadian rhythm)이라고 하며,

일반적으로 아침에는 에너지가 상승하고, 오후에 떨어지며, 저녁에 다시 약간 회복되는 패턴을 보인다. 그러나 개인마다 이 리듬은 차이가 있으므로 자신의 패턴을 파악하는 것이 중요하다.

예를 들어, 어떤 사람은 아침에 높은 집중력을 발휘할 수 있지만, 다른 사람은 오후나 저녁에 더 활발해진다. 이러한 에너지 수준의 차이를 인식하지 못하고 일정을 무작위로 배치하면, 비효율적인 시간 사용으로 이어질 수 있다.

2) 에너지와 업무 유형의 적합성

에너지 레벨은 처리해야 할 업무 유형과 밀접한 관련이 있다. 고도의 집중력과 창의력이 필요한 작업은 에너지가 가장 높은 시간대에 배치해야 하고, 단순하고 반복적인 작업은 에너지가 낮은 시간대에 처리할 수 있다.

2. 에너지 레벨에 따른 시간 배분의 중요성

1) 집중력 극대화

자신의 에너지 레벨에 맞춰 중요한 일을 배치하면, 같은 시간 내에 더 많은 성과를 낼 수 있다. 예를 들어, 아침 시간에 에너지가 가장 높은 사람은 보고서 작성이나 전략적 계획 수립 같은 중요한 일을 오전에 처리하는 것이 좋다.

2) 피로와 스트레스 감소

에너지가 낮은 시간대에 복잡한 일을 처리하려고 하면, 피로가 쌓이고 스트레스를 유발할 수 있다. 반대로 이 시간대에는 단순한 업무를 배치해 피로감을 줄이고, 일의 부담을 낮출 수 있다.

3) 생산성과 삶의 균형 유지

에너지 레벨을 고려해 시간을 배분하면 생산성과 삶의 균형을 유지할 수 있다. 중요한 시간대를 낭비하지 않으면서도, 에너지가 낮을 때는 자연스럽게 휴식이나 가벼운 활동을 통해 재충전할 수 있다.

3. 에너지 레벨에 맞춘 시간 배분법 실천하기

1) 자신의 에너지 패턴 파악하기

하루 동안 자신의 에너지 수준을 관찰하고 기록하는 것이 첫걸음이다. 다음은 에너지 수준을 기록하는 방법이다.

- 시간대별 에너지 일지 작성 : 하루를 1~2시간 단위로 나누어, 각 시간대에 에너지가 높은지, 보통인지, 낮은지를 기록한다.
- 일주일 동안 패턴 분석 : 며칠 동안 기록한 데이터를 분석해 에너지가 가장 높은 시간대와 낮은 시간대를 파악한다.

예를 들어, 매일 오전 9시부터 11시까지 집중력이 높고, 오후 3시에서 4시 사이에 에너지가 급격히 떨어지는 패턴을 발견할 수 있다. 이러한 데이터는 일정 계획의 중요한 기초 자료가 된다.

2) 업무 유형별로 시간 배분하기

각 시간대의 에너지 수준에 따라 업무를 배치하면 생산성을 높일 수 있다.

- 에너지가 높은 시간대 : 창의적이고 복잡한 문제 해결, 전략적 계획 수립, 중요한 결정 등 고난도의 업무를 처리한다.
- 에너지가 중간인 시간대 : 회의, 이메일 답변, 자료 조사 등 상대적으로 집중력이 덜 필요한 업무를 배치한다.
- 에너지가 낮은 시간대 : 단순 반복 작업, 문서 정리, 파일 관리와 같은 가벼운 업무를 처리하거나 휴식을 취한다.

예를 들어, 아침 시간에 창의적 사고가 필요한 프로젝트를 작업하고, 오후에는 데이터를 입력하거나 이메일을 정리하는 작업을 배치할 수 있다.

3) 휴식과 재충전 시간 계획하기

에너지가 낮은 시간대에는 휴식을 통해 재충전하는 것이 중요하다. 짧은 산책, 가벼운 스트레칭, 물 마시기 등은 에너지를 회복하는 데 효과적이다. 특히 포모도로 기법(Pomodoro Technique)과 같이 일정 시간 집중 후 짧은 휴식을 취하는 방식은 하루 동안 에너지를 지속적으로 유지하는 데 도움이 된다.

4. 에너지 레벨에 맞춘 시간 배분 사례

〈사례 1 : 직장인〉
- 오전 9~11시(에너지 최고) : 중요한 보고서 작성, 프로젝트 계획 수립
- 오후 1~2시(에너지 중간) : 팀 회의 참여, 이메일 처리
- 오후 3~4시(에너지 낮음) : 데이터 입력, 문서 정리
- 오후 4~5시(에너지 회복) : 가벼운 운동, 다음 날 일정 계획

〈사례 2 : 학생〉
- 오전 8~10시(에너지 최고) : 수학 문제 풀이, 논리적 사고가 필요한 공부
- 오후 1~3시(에너지 중간) : 독서, 자료 정리
- 저녁 7~8시(에너지 낮음) : 강의 영상 시청, 복습
- 저녁 8~9시(에너지 회복) : 산책, 명상

5. 에너지 레벨에 맞춘 시간 배분법의 유의점

1) 개인차 고려하기

모든 사람이 같은 에너지 패턴을 가지는 것은 아니다. 자신의 리듬을 이해하고, 이에 맞게 일정을 설계하는 것이 중요하다. 예를 들어, 저녁형 인간은 오전보다는 오후에 중요한 일을 배치하는 것이 더 효과적일 수 있다.

2) 예외 상황 대비

계획한 대로 일이 진행되지 않을 수 있다. 갑작스러운 일정 변경이나 긴급한 일이 생길 경우, 유연하게 대처할 수 있도록 여유 시간을 확보해두는 것이 필요하다.

3) 장기적인 습관 형성

에너지 레벨에 맞춘 시간 배분은 단기적인 성과를 넘어 장기적으로 생산성을 높이는 데 도움이 된다. 이를 습관으로 만들어야 일관되게 효과를 누릴 수 있다.

에너지 레벨에 맞춘 시간 배분법은 시간 관리의 효율성을 극대화하는 강력한 도구다. 자신의 에너지 패턴을 파악하고, 이에 맞게 중요한 일을 배치하면 집중력을 최대한 활용할 수 있다. 또한, 에너지가 낮은 시간대를 효과적으로 관리하면 피로와 스트레스를 줄이고, 생산성을 유지할 수 있다. 이 방법을 꾸준히 실천하면 자신의 리듬에 맞는 최적의 시간 관리 방식을 찾을 수 있으며, 목표 달성에 더 가까워질 수 있다.

5장

디지털 도구를 활용한 시간 관리

필수적인 시간 관리 앱 소개

효과적으로 시간을 관리하는 데에는 디지털 도구가 큰 도움이 된다. 현대 사회에서 스마트폰과 컴퓨터는 필수적인 도구가 되었고, 이들을 잘 활용하면 시간 관리를 더욱 효율적으로 할 수 있다. 초보자들도 쉽게 사용할 수 있는 몇 가지 필수적인 시간 관리 앱을 소개하겠다. 이 앱들은 작업 계획, 우선순위 설정, 일정 관리 등 다양한 기능을 제공하여 개인의 생산성을 높이는 데 유용하다.

1. Todoist - 할 일 관리와 일정 정리에 유용한 앱

Todoist는 간단하면서도 강력한 할 일 관리 앱으로, 개인과 팀이 할 일을 효율적으로 정리하고 관리할 수 있도록 돕는다. 사용자가 해야 할 일을 목록으로 작성하고, 이를 날짜나 프로젝트별로 분류해 체계적으로 관리할 수 있게 해준다. 특히 우선순위 설정 기능과 알림 기능이 있어 중요한 일을 놓치지 않도록 도와준다.

〈주요 기능〉
 - 할 일 목록 To-Do List 작성 및 관리
 - 프로젝트별로 할 일 정리
 - 중요도에 따라 작업에 우선순위 설정
 - 반복적인 작업 설정 및 기한 알림 기능

Todoist를 사용하여 매일 아침이나 전날 저녁, 다음 날의 할 일을 목록에 추가하고 우선순위를 설정한다. 중요한 작업은 '오늘' 또는 '긴급'으로 표시하여 먼저 처리하고, 반복적인 작업을 주기적으로 알림 설정하여 잊지 않고 처리할 수 있다. 예를 들어, 매주 금요일 오전에 "주간 보고서 작성"을 알림으로 설정해놓으면 매주 자동으로 알림이 울려 작업을 기억하게 된다.

2. Google Calendar - 일정 관리와 협업에 최적화된 앱

Google Calendar는 일정 관리에 최적화된 무료 앱으로, 개인의 일정뿐만 아니라 팀과의 협업에도 유용하다. 사용자는 일정을 추가하고, 알림을 설정하며, 다른 사람들과 공유할 수 있다. 특히 다른 Google 서비스와 통합되어 이메일이나 Google Meet와 연동해 일정을 관리할 수 있어 편리하다.

〈주요 기능〉

- 일정을 달력에 추가하고, 일일, 주간, 월간 보기 제공

- 일정별 알림 설정(이메일, 알림 등)

- 팀원들과 일정 공유 및 협업 기능

- 다른 앱(Gmail, Google Meet 등)과 연동 가능

Google Calendar를 사용해 중요한 약속이나 회의, 개인 일정을 추가한다. 예를 들어, 다음 주 회의 일정을 캘린더에 추가하고, 시작 15분 전에 알림을 설정하여 잊지 않도록 한다. 팀 프로젝트의 경우 팀원들과 캘린더를 공유하여 일정과 마감일을 함께 관리할 수 있다.

3. Trello – 프로젝트 관리와 팀 협업에 최적화된 앱

Trello는 카드와 보드 형식의 시각적인 도구를 사용해 프로젝트를 관리하는 앱이다. 개인 업무뿐만 아니라 팀 프로젝트의 진행 상황을 쉽게 파악할 수 있도록 돕는다. Trello는 작업을 카드로 만들어 목록에 추가하고, 각 카드를 드래그하여 이동하며 작업의 진행 상황을 시각적으로 관리할 수 있다.

〈주요 기능〉

- 프로젝트별 보드와 카드 생성

- 작업에 대한 댓글 추가, 파일 첨부, 기한 설정

- 팀원과의 협업 기능(카드 공유, 실시간 업데이트 등)
- 칸반(Kanban) 방식의 작업 흐름 관리

Trello에서 프로젝트별 보드를 만들어 할 일을 카드로 추가한다. 예를 들어, "웹사이트 리뉴얼 프로젝트"라는 보드를 만들고, "디자인 시안 작성", "개발", "테스트", "배포"와 같은 단계를 카드로 작성해 나간다. 각 카드는 담당자와 기한을 설정할 수 있으며, 팀원들과 실시간으로 업데이트하여 프로젝트 진행 상황을 쉽게 공유할 수 있다.

4. Focus Booster – 집중력 향상과 시간 추적에 유용한 앱

Focus Booster는 포모도로 기법을 기반으로 한 앱으로, 짧은 시간 동안 집중해서 일하고 짧은 휴식을 취하는 방법을 통해 집중력을 향상시키는 데 도움을 준다. 이 앱은 집중 시간과 휴식 시간을 자동으로 기록하여, 자신의 업무 패턴을 분석할 수 있게 해준다.

〈주요 기능〉
- 포모도로 타이머 기능(25분 집중, 5분 휴식)
- 작업 시간 기록 및 분석
- 집중 시간 알림 설정

앱을 사용해 25분 동안 집중해서 일하고, 알림이 울리면 5분간 휴식을 취하는 방식으로 사용한다. 예를 들어, "보고서 작성"이라는 작업에 대해 포모도로 타이머를 설정하고, 25분간 집중하여 작업을 진행한 뒤 5분간 휴식한다. 이를 반복하면서 작업의 진행 상황과 집중 시간을 기록하여 자신의 업무 습관을 분석할 수 있다.

5. Notion - 올인원 작업 및 정보 관리 앱

Notion은 메모, 할 일 관리, 프로젝트 관리, 데이터베이스 등 다양한 기능을 제공하는 올인원 도구다. 개인 작업은 물론 팀 프로젝트 관리에도 적합하다. 사용자 맞춤형 페이지를 만들어 필요한 정보를 한곳에 모아두고 쉽게 접근할 수 있게 한다.

〈주요 기능〉
- 메모 및 문서 작성
- 작업 목록 및 프로젝트 관리
- 데이터베이스 및 위키 형태의 정보 정리
- 다양한 템플릿 제공

Notion을 사용해 개인 작업 및 프로젝트 관리를 한곳에서 관리한다. 예를 들어, "주간 업무 계획"이라는 페이지를 만들어, 메모, 할 일 목록, 프로젝트 진행 상황을 함께 관리할 수 있다. 이를 통해 다양한 정보와 작업을 한곳에서 쉽게 관리하고, 필요한 정보에 신속하게 접근할 수 있다.

자신에게 맞는 앱 선택하기

위의 앱들은 모두 시간 관리와 생산성을 높이는 데 유용한 도구들이다. 각각의 앱이 제공하는 기능과 장점을 이해하고, 자신의 필요와 업무 스타일에 맞는 앱을 선택해 사용하는 것이 중요하다. 이 도구들을 잘 활용하면, 초보자도 보다 효율적으로 시간을 관리하고, 목표를 달성하는 데 큰 도움이 될 것이다.

디지털 캘린더와 할 일 관리 활용법

디지털 캘린더와 할 일 관리 도구는 일정을 효율적으로 관리하고 해야 할 일을 체계적으로 정리하는 데 큰 도움을 준다. 이 두 가지 도구를 활용하면 바쁜 일상 속에서도 중요한 일을 놓치지 않고 시간을 더욱 효율적으로 사용할 수 있다. 초보자도 쉽게 이해할 수 있도록 디지털 캘린더와 할 일 관리 도구의 효과적인 활용법에 대해 알아보자.

1. 디지털 캘린더의 활용법

디지털 캘린더는 일정 관리를 위한 기본적인 도구로, 개인과 팀의 일정을 쉽게 관리하고 공유할 수 있다. 특히 Google Calendar, Microsoft Outlook, Apple Calendar 등은 사용하기 쉬우면서도 강력한 기능을 제공한다.

1) 일정을 추가하고 알림 설정하기

디지털 캘린더를 사용하면 일정을 추가하고, 시작 시간과 종료 시간을 설정할 수 있다. 중요한 일정에 대해서는 알림을 설정하여, 미리 준비할 수 있도록 도와준다. 알림 기능은 회의, 약속, 중요한 업무의 마감일 등을 놓치지 않도록 해준다.

디지털 캘린더 앱을 열고, '일정 추가' 버튼을 클릭하여 일정 제목, 날짜, 시간 등을 입력한다. 중요한 일정에는 알림을 설정하여 10분, 30분, 또는 1시간 전에 미리 알림을 받도록 설정한다. 예를 들어, "월요일 오전 10시 팀 회의"를 입력하고, 15분 전에 알림이 울리도록 설정한다.

2) 일정을 색상으로 구분하기

디지털 캘린더에서는 일정의 종류에 따라 색상을 구분할 수 있다. 이 기능은 일정의 우선순위를 한눈에 파악하게 해주며, 어떤 일정이 중요한지 쉽게 확인할 수 있다.

업무, 개인 시간, 가족과의 약속 등 일정의 성격에 따라 각각 다른 색상을 지정한다. 예를 들어, 업무 관련 일정은 파란색, 개인 약속은 초록색, 가족 일정은 빨간색으로 구분하여 시각적으로 쉽게 파악할 수 있게 한다.

3) 반복 일정 설정하기

반복적으로 발생하는 일정(예 : 매주 월요일 오전 회의, 매달 마지막 날 보고서 제출)을 디지털 캘린더에 반복 일정으로 설정하면, 매번 일정을 추가하는 번거로움을 줄일 수 있다. 반복 일정 기능은 주기적인 업무를 잊지 않고 관리하는 데 유용하다.

디지털 캘린더에서 반복되는 일정을 추가할 때 '반복' 옵션을 선택하여 주, 월, 연 단위로 반복을 설정한다. 예를 들어, "매주 수요일 오전 9시 부서 미팅"을 설정해 놓으면 매주 수요일에 자동으로 일정이 추가된다.

2. 할 일 관리 도구의 활용법

할 일 관리 도구는 할 일을 체계적으로 정리하고, 완료 여부를 확인할 수 있게 돕는다. Todoist, Microsoft To Do, Notion, Evernote 등의 앱이 대표적이며, 개인과 팀이 모두 활용할 수 있다.

1) 할 일 목록 작성하기

할 일 관리 도구에서는 할 일 목록을 작성하고, 그날의 우선순위에 따라 정렬할 수 있다. 목록을 작성함으로써 해야 할 일을 명확히 하고, 중요한 일부터 처리할 수 있게 도와준다.

매일 아침 할 일 관리 앱을 열고, 그날의 해야 할 일을 목록에 추가한다. 예를 들어, "보고서 작성", "이메일 답변", "팀 회의 준비"와 같은 작업을 입력하고, 우선순위에 따라 정렬한다. 완료된 일은 체크 표시를 하여 성취감을 느끼고, 다음 작업으로 넘어간다.

2) 할 일에 기한과 알림 설정하기

각 할 일에 기한과 알림을 설정하면, 중요한 마감일을 놓치지 않고 제시간에 업무를 마칠 수 있다. 기한 설정은 할 일을 시간별로 나누고, 이를 체계적으로 관리하는 데 도움이 된다.

할 일을 추가할 때 기한을 설정하고, 해당 일이 완료되어야 하는 날짜와 시간을 입력한다. 또한, 알림 기능을 활용해 마감일 전에 알림을 받도록 한다. 예를 들어, "다음 주 금요일까지 프로젝트 제안서 제출"이라는 할 일을 입력하고, 이틀 전 알림을 설정한다.

3) 프로젝트별 할 일 관리하기

프로젝트별로 할 일을 나누어 관리하면, 각 프로젝트의 진행 상황을 쉽게 파악할 수 있다. 이를 통해 특정 프로젝트에 대한 집중력을 높이고, 작업의 우선순위를 정하는 데 도움을 준다.

할 일 관리 도구에서 프로젝트별로 폴더나 카테고리를 만들어, 각 프로젝트에 해당하는 할 일을 추가한다. 예를 들어, "신제품 출시" 프로젝트에는 "시장 조사", "마케팅 전략 수립", "디자인 검토" 등의 할 일을 추가해 관리한다.

3. 디지털 캘린더와 할 일 관리 도구를 함께 사용하는 방법

디지털 캘린더와 할 일 관리 도구를 함께 사용하면, 일정과 할 일을 통합적으로 관리할 수 있다. 일정과 할 일을 서로 연결하여 중요한 일정이나 마감일에 맞춰 할 일을 조정할 수 있다.

디지털 캘린더에 중요한 일정(예 : 회의, 마감일)을 추가하고, 할 일 관리 도구에 해당 일정과 관련된 세부 작업을 나누어 추가한다. 예를 들어, "금요일 오후 3시 프로젝트 회의"를 캘린더에 추가하고, 할 일 관리 도구에는 "회의 자료 준비", "발표 연습" 등을 추가하여 두 도구를 연동시켜 관리한다.

디지털 도구 활용으로 시간 관리 최적화하기

디지털 캘린더와 할 일 관리 도구는 각각의 강점을 잘 활용하면 시간을 효율적으로 관리하는 데 큰 도움이 된다. 초보자도 쉽게 사용할 수 있으며, 일정 관리와 할 일 관리를 체계적으로 할 수 있게 해준다. 이 도구들을 활용해 더 나은 시간 관리를 실천하고, 업무 효율성을 높여보자.

자동화 기능을 통한 시간 절약

디지털 도구의 자동화 기능은 일상적인 반복 작업을 줄여주고, 더 중요한 일에 집중할 수 있도록 돕는 매우 유용한 방법이다. 자동화를 통해 불필요한 시간을 절약하고, 생산성을 크게 높일 수 있다. 이제 초보자도 쉽게 이해하고 활용할 수 있는 자동화 기능들에 대해 알아보자.

1. 자동화 기능의 중요성

자동화 기능은 사용자가 직접 하지 않아도 되는 반복적인 작업을 자동으로 처리해주는 기능이다. 이메일 정리, 파일 백업, 일정 알림 등 자주 발생하는 작업을 자동화하면 시간과 노력을 절약할 수 있다. 이런 기능을 활용하면 불필요한 작업에 소모되는 시간을 줄이고, 더 중요한 일에 집중할 수 있다.

예를 들어, 매일 같은 시간에 중요한 파일을 백업해야 하는 경우, 자동화 기능을 사용하면 사람이 직접 수행할 필요 없이 매일 정해진 시간에 백업 작업이 자동으로 실행된다. 이는 실수를 줄이고, 시간을 절약하는 데 매우 유용하다.

2. 자동화 기능을 활용할 수 있는 도구들

1) IFTTT(If This Then That) - 다양한 서비스 연결과 자동화

IFTTT는 'If This Then That'의 약자로, 조건과 결과를 설정하여 다양한 디지털 작업을 자동화하는 도구다. 예를 들어, 특정 시간에 날씨를 알려주거나, 이메일에 첨부된 파일을 자동으로 클라우드에 저장하는 등의 작업을 자동으로 수행하도록 설정할 수 있다.

〈주요 기능〉

- 소셜 미디어 계정 간 자동화 : 예를 들어, 인스타그램에 게시물을 올리면 자동으로 트위터에 공유.
- 이메일 자동화 : 특정 조건(예 : 중요한 이메일 수신 시)에 따라 알림 받기.
- 스마트홈 기기 제어 : 특정 시간에 조명 켜기, 온도 조절 등.

IFTTT 웹사이트나 앱에 가입한 후, 원하는 자동화 작업을 선택해 설정한다. 예를 들어, "매일 아침 7시에 내 지역의 날씨 정보를 이메일로 받기"와 같은 작업을 설정하여 자동으로 날씨 정보를 받아볼 수 있다.

2) Zapier – 비즈니스 자동화를 위한 도구

Zapier는 다양한 웹 애플리케이션을 연결하여 자동화할 수 있는 도구다. 여러 앱 간의 데이터를 연동해 자동으로 작업을 수행하며, 업무 시간을 절약할 수 있다. Zapier는 주로 비즈니스 환경에서 자주 사용되는 도구로, 이메일, 클라우드 저장소, CRM 등 다양한 도구와 연동된다.

〈주요 기능〉
- 이메일을 자동으로 CRM 시스템에 저장.
- 새로 추가된 고객 정보를 구글 시트에 자동으로 기록.
- 프로젝트 관리 도구에 새로운 작업을 생성하면 팀원들에게 자동으로 알림 발송.

Zapier에 가입한 후, 'Zap'이라고 부르는 자동화 워크플로우를 생성한다. 예를 들어, "새로운 이메일이 오면 자동으로 Slack 채널에 알림을 보내기" 같은 간단한 작업부터 시작하여 필요한 자동화를 설정할 수 있다.

3) Microsoft Power Automate(구 Microsoft Flow) - 직관적인
업무 자동화 도구

Microsoft Power Automate는 Microsoft의 자동화 도구로, 복잡한 업무 프로세스를 자동화하는 데 적합하다. Microsoft 365와 통합되며, 사용자들은 여러 가지 비즈니스 애플리케이션을 연결해 자동화할 수 있다.

〈주요 기능〉

- 이메일 자동 정리 및 필터링.
- 새로운 파일이 클라우드 저장소에 추가될 때마다 자동 백업.
- 특정 조건이 만족될 때 팀원에게 알림 발송.

Microsoft Power Automate 계정에 가입한 후, 다양한 템플릿 중에서 필요한 자동화 프로세스를 선택해 설정한다. 예를 들어, "매일 오후 6시에 프로젝트 작업 현황 보고서 이메일 자동 발송"을 설정하여 반복적인 작업을 줄일 수 있다.

3. 자동화 기능을 통해 시간 절약하기

1) 이메일 자동 정리와 필터링

많은 사람들이 매일 수십 개의 이메일을 처리하는 데 시간을 낭비

한다. 자동화 도구를 사용해 이메일을 자동으로 분류하고, 중요한 이메일만 알림을 받도록 설정하면 시간을 절약할 수 있다.

이메일 클라이언트(예 : Gmail, Outlook)의 필터 기능을 사용하여 특정 발신자나 키워드가 포함된 이메일을 자동으로 특정 폴더로 이동시키거나, 중요 표시를 해두어 알림을 받을 수 있게 한다. 예를 들어, "모든 뉴스레터 이메일은 자동으로 '뉴스레터' 폴더로 이동"과 같은 규칙을 설정한다.

2) 파일 백업과 정리 자동화

정기적으로 중요한 파일을 백업하고 정리하는 것은 필요하지만 번거로운 작업이다. 자동화 도구를 사용해 특정 폴더의 파일을 정기적으로 클라우드에 백업하도록 설정하면 이러한 작업을 자동화할 수 있다.

클라우드 저장소 서비스(예 : Google Drive, Dropbox)의 자동 백업 기능을 설정하여, 매일 또는 매주 정해진 시간에 지정된 폴더의 파일을 자동으로 백업하도록 한다. 예를 들어, 매일 밤 10시에 "내 문서" 폴더를 Google Drive에 자동 백업 설정.

3) 반복적인 업무 자동화하기

매일 또는 주기적으로 반복되는 업무를 자동화하면 많은 시간을 절약할 수 있다. 예를 들어, 매일 아침 자동으로 미팅 요약을 생성하고 팀에게 이메일로 발송하거나, 매주 금요일마다 프로젝트 상태 업데이트 보고서를 자동으로 생성할 수 있다.

프로젝트 관리 도구(Trello, Asana 등)와 이메일 도구를 연동하여, 특정 작업이 완료될 때 자동으로 팀원들에게 알림을 보내거나, 매주 정해진 시간에 자동으로 보고서를 생성하여 발송할 수 있도록 설정한다.

자동화로 더 나은 시간 관리 실현하기

자동화 기능은 반복적인 작업을 줄이고, 중요한 일에 더 집중할 수 있도록 도와준다. 초보자도 쉽게 사용할 수 있는 도구들을 활용하여 일상 업무를 자동화하고, 시간을 절약해보자. 이를 통해 더 많은 성과를 내고, 여유로운 일상을 즐길 수 있을 것이다.

클라우드 기반 파일 정리 및 관리

현대의 디지털 환경에서 클라우드 기반 파일 정리는 시간 관리의 핵심 도구로 자리 잡았다. 클라우드 서비스를 활용하면 파일을 효율적으로 정리하고, 어디서나 접근할 수 있으며, 협업 과정에서도 편리함을 제공한다. 특히, 초보자도 쉽게 활용할 수 있는 클라우드 파일 정리 및 관리 방법을 이해하면 업무와 개인 생활에서의 시간 낭비를 줄이고 생산성을 높일 수 있다.

1. 클라우드 서비스란 무엇인가?

클라우드 서비스는 인터넷을 통해 데이터를 저장하고 관리할 수 있는 플랫폼을 제공한다. Google Drive, Dropbox, OneDrive 등은 대표적인 클라우드 서비스로, 저장 공간뿐만 아니라 문서 공동 작업, 파일 공유, 버전 관리 등의 기능을 제공한다. 클라우드를 활용하면 파일을 개별 기기에 저장하지 않아도 되고, 인터넷만 연결되면 어디서든 필요한 파일에 접근할 수 있다.

〈주요 장점〉

- 언제 어디서나 접근 가능 : 인터넷이 연결된 모든 기기에서 동일한 파일에 접근 가능하다.
- 자동 백업 : 파일이 자동으로 저장되고 동기화되므로 데이터 손실 위험이 줄어든다.
- 협업 강화 : 실시간으로 파일을 공유하고 편집할 수 있어 협업 과정이 간소화된다.

2. 클라우드 파일 정리의 기본 원칙

효율적인 시간 관리를 위해서는 클라우드 기반 파일을 체계적으로 정리하는 것이 중요하다. 다음은 초보자가 쉽게 따라 할 수 있는 파일 정리 기본 원칙이다.

1) 폴더 구조 만들기

클라우드 상에서 폴더를 정리하는 것은 물리적 서류 정리와 비슷하다. 체계적인 폴더 구조를 설정하면 필요한 파일을 빠르게 찾을 수 있다.

- 카테고리별 폴더 : 업무, 개인, 프로젝트 등 카테고리별로 대분

류 폴더를 만든다. 예를 들어, '업무 〉 프로젝트 A', '개인 〉 사진'
과 같은 하위 폴더를 추가한다.

- 날짜 및 버전 관리 : 폴더나 파일명에 날짜와 버전을 포함하여
  작업의 최신 상태를 쉽게 파악한다.(예 : '보고서_2025_01_10_v1')

2) 파일명 표준화

파일명을 표준화하면 검색 시간을 줄이고 파일 관리가 용이해진다.

- 명확한 파일명 : 파일명이 짧고 명확하며 내용을 잘 반영해야
  한다.(예 : '주간_보고서_2025_01_10')
- 특수 기호 활용 : 파일명에 특수 기호('-', '_')를 사용하여 단어를
  구분하면 가독성이 높아진다.

3) 정기적인 파일 정리

클라우드 상의 파일은 주기적으로 점검하고 정리해야 효율성이 유
지된다.

- 불필요한 파일 삭제 : 사용하지 않는 파일을 정리하거나 삭제하
  여 저장 공간을 확보한다.
- 백업 확인 : 중요한 파일이 제대로 동기화되었는지 정기적으로
  확인한다.
- 폴더 구조 정리 : 파일을 논리적으로 분류하고 폴더 구조를 체
  계적으로 정리하여 필요한 파일을 빠르게 찾을 수 있도록 한다.

3. 클라우드 기반 관리 도구 활용

클라우드 파일 관리에 최적화된 도구를 활용하면 시간을 더욱 절약할 수 있다. 각 도구의 주요 기능과 활용법은 다음과 같다.

1) Google Drive

Google Drive는 간단한 인터페이스와 다양한 통합 기능으로 초보자에게 적합하다.

- 공유 설정 : 파일을 특정 사용자와만 공유하거나, 링크를 통해 접근 권한을 제한한다.
- 통합 문서 도구 : Google Docs, Sheets와 연동하여 클라우드 상에서 바로 문서를 작성하고 저장한다.
- 검색 기능 : 파일 이름뿐만 아니라 문서 내용으로도 검색할 수 있어 빠르게 원하는 파일을 찾을 수 있다.

2) Dropbox

Dropbox는 빠른 파일 동기화와 쉬운 협업 기능으로 유명하다.

- 스마트 동기화 : 로컬 장치의 저장 공간을 절약하면서 클라우드에 있는 파일을 표시한다.
- 파일 복구 : 삭제된 파일이나 이전 버전을 복구할 수 있어 실수로 인한 데이터 손실을 방지한다.
- 파일 공유 : 간단한 링크를 통해 원하는 사람과 파일이나 폴더

를 쉽게 공유할 수 있다.

- 오프라인 액세스 : 인터넷 연결이 없을 때도 파일을 다운로드하
여 오프라인에서 액세스할 수 있다.

3) OneDrive

Microsoft의 OneDrive는 Windows와의 높은 호환성으로 편리한
파일 관리 환경을 제공한다.

- Windows 탐색기와 연동 : 로컬 파일처럼 간단히 드래그 앤 드
롭으로 파일을 관리한다.
- 실시간 협업 : Microsoft Office 파일을 클라우드 상에서 바로
편집하고 팀원들과 공유할 수 있다.
- 파일 온디맨드 : 로컬 저장 공간을 절약하면서도 클라우드에 있
는 모든 파일에 접근할 수 있다.
- 개인 중요 보관소 : 민감한 파일을 추가 보안 계층으로 보호하
여 안전하게 저장할 수 있다.

4. 협업 환경에서 클라우드 활용하기

클라우드는 팀원 간 협업에도 매우 유용하다. 파일을 공유하고 실
시간으로 편집하면 업무 속도가 크게 향상된다.

1) 공유 권한 설정

파일이나 폴더를 공유할 때는 적절한 권한을 설정해야 한다.

- 보기 전용 : 수정이 필요 없는 파일은 보기 전용으로 공유한다.

- 편집 권한 : 팀 프로젝트의 경우 편집 권한을 부여하여 실시간 협업을 가능하게 한다.

2) 실시간 코멘트와 피드백

Google Drive나 Dropbox Paper에서는 파일에 직접 코멘트를 추가하여 팀원 간 피드백을 주고받을 수 있다.

5. 데이터 보안과 백업

클라우드 사용 시 보안을 강화하고 데이터를 정기적으로 백업하는 것이 중요하다.

- 이중 인증 사용 : 클라우드 계정에 이중 인증을 설정하여 무단 접근을 방지한다.

- 중요 파일 암호화 : 민감한 파일은 암호화 소프트웨어를 사용하여 보안을 강화한다.

- 로컬 백업 유지 : 중요한 파일은 클라우드 외에도 외장하드나 다른 클라우드에 백업해 둔다.

클라우드를 활용한 시간 관리의 효과

체계적인 클라우드 파일 정리와 관리는 시간 낭비를 줄이고 효율성을 높이는 데 기여한다. 초보자도 쉽게 따라 할 수 있는 위의 방법을 실천하면 파일 관리와 협업 과정에서 시간을 절약하고 생산성을 극대화할 수 있다.

팀 협업을 위한 시간 관리 도구

팀 프로젝트와 협업이 점점 더 중요해지는 현대 사회에서는 효율적인 시간 관리 도구를 활용하는 것이 필수적이다. 이러한 도구들은 팀원 간의 원활한 소통을 돕고, 작업 진행 상황을 명확히 하며, 불필요한 시간 낭비를 줄이는 데 기여한다. 이번 장에서는 초보자도 쉽게 사용할 수 있는 팀 협업 중심의 시간 관리 도구들과 그 활용법에 대해 다룬다.

1. 팀 협업 시간 관리 도구의 필요성

팀 프로젝트에서는 개별 업무뿐만 아니라 전체적인 작업 흐름을 체계적으로 관리하는 것이 중요하다. 이를 위해 팀 협업 도구를 사용하면 다음과 같은 이점을 얻을 수 있다.

- 작업 분담의 명확화 : 각 팀원이 맡은 역할과 작업을 명확히 정의하여 중복 작업을 방지한다.
- 실시간 소통 : 즉각적인 소통으로 혼란을 줄이고, 작업 진행 상황을 신속히 파악한다.
- 효율적인 일정 관리 : 마감일과 주요 일정을 한눈에 파악하고, 우선순위에 맞게 작업을 조정한다.

2. 추천 팀 협업 도구와 활용법

1) Asana : 프로젝트 관리에 최적화된 도구

Asana는 팀의 작업 흐름을 한눈에 파악할 수 있는 직관적인 도구로, 프로젝트 관리에 탁월하다. 작업을 목록, 보드, 캘린더 형태로 관리할 수 있어 팀원 간 업무 조율이 용이하다.

〈주요 기능〉
- 작업 생성 및 할당 : 프로젝트 내 각 작업을 세분화하여 팀원에게 할당한다.
- 기한 설정 : 각 작업에 마감일을 지정하여 일정 관리가 가능하다.
- 의견 및 파일 첨부 : 작업별로 코멘트를 달고 파일을 첨부하여 팀원 간 소통을 강화한다.

〈활용법〉

프로젝트를 시작할 때 주요 목표와 작업을 정의하고, 각 팀원에게 할당한다. 예를 들어, "웹사이트 리뉴얼" 프로젝트의 경우, "디자인", "개발", "테스트" 등 작업 단계를 나누고 각 팀원이 담당할 작업에 기한을 설정한다. 완료된 작업은 체크 표시하여 진행 상황을 명확히 한다.

2) Slack : 실시간 소통 및 협업 도구

Slack은 팀 내 실시간 메시지 소통과 파일 공유가 가능한 도구로, 이메일보다 빠르고 효율적인 커뮤니케이션을 제공한다.

〈주요 기능〉

- 채널별 대화 구성 : 프로젝트, 부서, 주제별로 채널을 나누어 대화를 정리한다.
- 알림 설정 : 중요한 대화에 대한 알림을 설정하여 놓치지 않는다.
- 외부 도구 통합 : Google Drive, Trello 등과 연동하여 협업 과정을 단순화한다.

〈활용법〉

팀 프로젝트에서 필요한 정보를 주제별로 채널에 공유한다. 예를 들어, "디자인 팀" 채널에는 디자인 관련 자료와 피드백을 공유하고,

"개발 팀" 채널에는 코드 리뷰와 기술적 논의를 진행한다. 개인 메시지 기능을 사용해 긴급한 문제를 즉각 해결할 수도 있다.

3) ClickUp : 올인원 협업 도구

ClickUp은 프로젝트 관리, 문서 작성, 시간 추적, 목표 설정 등 다양한 기능을 제공하는 올인원 도구다. 팀 전체의 생산성을 높이고 업무를 체계적으로 관리할 수 있다.

〈주요 기능〉

- 작업 공간 커스터마이징 : 팀의 필요에 따라 작업 공간을 맞춤 설정한다.
- 목표 설정 및 진행 상황 추적 : 목표 달성률을 시각적으로 확인할 수 있다.
- 시간 추적 기능 : 작업별로 소요 시간을 기록하여 업무 효율성을 분석한다.

〈활용법〉

ClickUp을 활용해 프로젝트 목표를 설정하고, 작업 단계를 상세히 나눈다. 예를 들어, "제품 출시" 프로젝트에서는 "아이디어 브레인스토밍", "프로토타입 제작", "마케팅 캠페인" 단계를 설정하고 각 작업의 예상 시간을 기록한다.

4) Microsoft Teams : 통합 커뮤니케이션 플랫폼

Microsoft Teams는 채팅, 영상 통화, 파일 공유를 통합한 플랫폼으로, 팀 간 협업과 소통을 강화한다.

〈주요 기능〉

- 팀별 작업 공간 구성 : 프로젝트별 작업 공간을 만들어 관련 자료를 한곳에 저장한다.
- 화상 회의 및 화면 공유 : 팀원 간 원활한 협업을 위한 화상 회의와 화면 공유 기능.
- Office 앱 통합 : Word, Excel, PowerPoint와 연동하여 문서 작업을 실시간으로 진행한다.

〈활용법〉

Microsoft Teams에서 팀별 작업 공간을 만들어 관련 파일과 회의 일정을 관리한다. 예를 들어, "마케팅 팀" 작업 공간에서는 광고 캠페인 자료를 공유하고, 주간 화상 회의를 통해 진행 상황을 논의한다.

3. 팀 협업 시간 관리의 핵심 원칙

1) 작업 투명성 확보

모든 팀원이 작업 진행 상황과 목표를 명확히 이해하도록 해야 한

다. 이를 위해 작업 관리 도구에 정보를 투명하게 기록하고, 정기적
으로 업데이트한다.

2) 책임 분담

각 작업에 책임자를 명확히 지정하여 책임감을 부여하고, 작업의
완성도를 높인다.

3) 커뮤니케이션 간소화

필요한 정보를 빠르게 전달할 수 있는 도구 Slack, Microsoft
Teams 를 활용하여 소통 효율을 극대화한다.

4. 시간 관리 도구 선택 시 고려 사항

1) 팀 규모

팀원의 수와 업무 복잡도에 따라 적합한 도구를 선택한다.

2) 사용자 친화성

도구가 직관적이고 간단한 인터페이스를 제공해야 초보자도 쉽게
활용할 수 있다.

3) 연동 가능성

기존에 사용 중인 도구와의 호환성을 고려한다.(예 : Google Drive, Trello 등과의 연동.)

5. 협업 도구를 통한 시간 관리의 효과

효율적인 협업 도구를 활용하면 팀원 간 소통이 원활해지고, 업무의 중복과 누락을 줄일 수 있다. 특히 프로젝트의 복잡성이 높아질수록 이러한 도구들은 업무 흐름을 단순화하고 팀의 생산성을 극대화하는 데 중요한 역할을 한다. 초보자라도 위 도구를 활용하면 보다 효과적으로 협업 과정을 관리할 수 있을 것이다.

6장

실생활에 적용하기

직장과 가정에서 시간 관리 실천법

시간 관리는 직장과 가정 모두에서 성공적이고 행복한 삶을 사는 데 중요한 역할을 한다. 효율적으로 시간을 관리하면 업무 성과가 높아지고, 가정에서도 질 좋은 시간을 보낼 수 있다. 초보자도 쉽게 실천할 수 있는 직장과 가정에서의 시간 관리 방법에 대해 알아보자.

1. 직장에서의 시간 관리 실천법

직장에서의 시간 관리는 업무 효율성을 높이고, 스트레스를 줄이며, 직장 생활을 더 즐겁게 만드는 데 필수적이다. 이를 위해 다음의 몇 가지 실천법을 적용해볼 수 있다.

1) 업무 우선순위 설정하기

매일 아침, 그날의 업무 우선순위를 설정하는 것이 중요하다. 중요한 일과 긴급한 일을 먼저 처리하면 시간을 더 효율적으로 사용할 수 있다.

하루를 시작하기 전에 할 일 목록을 작성하고, 아이젠하워 매트릭스(Eisenhower Matrix)를 사용해 업무를 네 가지로 분류한다. 긴급하고 중요한 일, 긴급하지 않지만 중요한 일, 긴급하지만 중요하지 않은 일, 긴급하지도 중요하지 않은 일. 이 분류를 통해 중요한 업무를 먼저 처리하고, 덜 중요한 업무는 나중에 하거나 위임할 수 있다. 예를 들어, '오늘 마감인 프로젝트 보고서 작성'을 가장 우선순위에 두고 먼저 처리한다.

2) 집중 시간 블록 설정하기

하루 중 특정 시간대를 "집중 시간"으로 설정해 방해받지 않고 중요한 업무를 처리하는 것이 좋다. 이 시간 동안에는 이메일 확인, 전화 통화 등의 방해 요소를 줄이고, 오직 한 가지 일에만 집중한다.

매일 아침 첫 1~2시간을 '집중 시간'으로 설정하고, 이 시간 동안 중요한 업무에만 집중한다. 예를 들어, 오전 9시에서 11시 사이를 '보고서 작성 시간'으로 정하고, 그 동안에는 이메일 알림을 끄고 전화도 최소한으로 받는다. 이를 통해 업무 효율성을 높일 수 있다.

3) 디지털 도구 활용하기

디지털 도구(예 : Todoist, Google Calendar, Trello 등)를 사용하면 업

무를 체계적으로 관리할 수 있다. 이 도구들은 할 일 목록 작성, 일정 관리, 프로젝트 진행 상황을 한눈에 파악할 수 있도록 돕는다.

매일 아침 할 일 목록을 Todoist에 작성하고, Google Calendar에 중요한 일정과 마감일을 추가한다. Trello를 사용해 프로젝트의 진행 상황을 시각적으로 관리하고, 팀원들과 협업한다. 이를 통해 모든 업무를 체계적으로 관리하고, 우선순위에 따라 효율적으로 일할 수 있다.

2. 가정에서의 시간 관리 실천법

가정에서도 시간을 잘 관리하면 가족과의 시간을 더 의미 있게 보낼 수 있고, 개인적인 여유 시간을 확보할 수 있다. 이를 위해 몇 가지 실천법을 적용해보자.

1) 가족과의 시간 정하기

가족과의 시간을 정기적으로 정해두고, 이를 중요한 일정으로 생각하는 것이 필요하다. 이렇게 하면 직장에서 벗어나 가족과의 소중한 시간을 놓치지 않고 즐길 수 있다.

매주 금요일 저녁을 '가족의 날'로 정해 가족과 함께 저녁 식사를 하고, 게임을 하거나 영화를 보는 등 시간을 함께 보낸다. 이 시간을 디지털 캘린더에 기록하고, 다른 일정을 이 시간과 겹치지 않도록 조정한다.

2) 개인 시간을 위한 루틴 만들기

가정에서도 개인적인 성장을 위해 규칙적인 시간을 정해 두는 것이 중요하다. 취미 생활, 운동, 독서 등 개인적인 시간은 정신적, 신체적 건강을 유지하는 데 큰 도움이 된다.

매일 아침 30분을 개인 운동 시간으로 설정하고, 저녁에는 15분씩 독서를 하는 루틴을 만든다. 이러한 시간을 디지털 도구를 사용해 알림을 설정해 놓으면 더 잘 지킬 수 있다. 예를 들어, Google Calendar에 매일 저녁 9시에 "독서 시간"을 예약해 알림을 받는다.

3) 일상적인 업무 자동화하기

가정에서도 반복적인 일상 업무를 자동화할 수 있다. 청소 로봇을 사용하거나, 정기적인 장보기 목록을 미리 설정해두는 등의 방법으로 시간을 절약할 수 있다.

예를 들어, 정기적으로 구매해야 하는 생필품은 온라인 장보기 앱을 사용해 자동 주문 기능을 설정해둔다. 주방 청소는 청소 로봇을 설정해 매일 일정 시간에 작동하도록 한다. 이를 통해 일상적인 업무에 소비되는 시간을 줄이고, 여유 시간을 확보할 수 있다.

- 쿠팡 로켓와우 : 쿠팡의 유료 멤버십 서비스인 로켓와우를 통해 정기 배송 서비스를 이용할 수 있다. 원하는 주기와 날짜를 설정하여 생필품이나 식료품 등을 자동으로 받아보실 수 있다.
- 마켓컬리 정기배송 : 신선식품 전문 온라인 쇼핑몰인 마켓컬리

에서는 정기배송 서비스를 제공하여, 자주 구매하는 상품을 원하는 주기에 맞춰 자동으로 배송받을 수 있다.
- 이마트몰 정기배송 : 이마트몰에서도 정기배송 서비스를 통해 생필품이나 식료품 등을 정기적으로 받아보실 수 있다.

직장과 가정에서의 균형 잡기

시간 관리는 직장과 가정에서 모두 중요한 역할을 한다. 직장에서는 업무 효율성을 높이고, 가정에서는 가족과의 시간과 개인적인 여유를 잘 활용하는 것이 중요하다. 위에서 제안한 실천법들을 꾸준히 적용해 나가면서, 초보자도 효과적으로 시간을 관리하고, 더 나은 삶의 균형을 유지할 수 있을 것이다.

시간 관리의 성과 측정과 조정

효과적인 시간 관리는 단순히 계획을 세우고 실천하는 것에 그치지 않는다. 시간 관리의 진정한 가치는 그 성과를 지속적으로 측정하고, 필요에 따라 계획을 조정하는 데 있다. 이를 통해 시간 관리의 효과를 극대화하고, 더 나은 결과를 얻을 수 있다. 초보자도 쉽게 이해할 수 있는 시간 관리의 성과를 측정하고 계획을 조정하는 방법에 대해 알아보자.

1. 시간 관리 성과를 측정하는 이유

시간 관리를 잘하고 있는지 확인하려면, 현재의 시간 사용 방식을 평가하고 성과를 측정해야 한다. 이는 시간 낭비 요소를 파악하고, 무엇을 개선해야 할지 명확히 알게 도와준다. 또한 성과를 측정함으로써 자신의 발전을 확인하고, 더 효율적인 방법을 찾아낼 수 있다.

예를 들어, 프로젝트의 마감일이 다가올 때마다 항상 바쁘고 스트레스를 받는다면, 성과를 측정해 어떤 부분에서 시간이 부족했는지, 어떤 작업에 시간을 너무 많이 소비했는지 파악할 수 있다. 이렇게 하면 다음 프로젝트에서 시간을 더 효율적으로 배분할 수 있다.

2. 시간 관리 성과 측정 방법

1) 시간 기록하기

자신의 시간 사용 방식을 파악하기 위해 하루 동안의 활동을 기록하는 것이 중요하다. 어떤 일에 얼마나 많은 시간을 사용하는지 기록하면, 불필요한 시간 낭비를 줄일 수 있다.

일주일 동안 매일 시간을 기록해 본다. 예를 들어, "오전 9시~10시 : 이메일 확인 및 답장," "오전 10시~12시 : 회의," "오후 1시~2시 : 보고서 작성" 등으로 모든 활동을 시간 단위로 기록한다. 이를 통해 어떤 일에 시간을 많이 쓰는지, 어떤 부분에서 시간이 낭비되고 있는지 확인할 수 있다.

2) 주간/월간 리뷰하기

매주 또는 매월 일정 시간을 할애하여 자신의 시간 사용 패턴을 리뷰하는 것이 필요하다. 이를 통해 계획과 실제 성과 간의 차이를 파악하고, 개선할 부분을 찾을 수 있다.

매주 금요일 오후나 매월 말에 지난 주 또는 달 동안의 시간을 돌아보는 시간을 갖는다. 할 일 목록, 일정, 목표 달성도를 점검하고, 계획대로 일을 처리했는지, 무엇이 잘됐고, 무엇이 부족했는지 분석한다. 예를 들어, "이번 주 목표 5개 중 3개를 완료했지만, 나머지 2개는 시간을 더 할애해야 할 필요가 있다"와 같이 구체적으로 평가한다.

3) 성과 지표 설정하기(KPI 활용)

성과를 측정하기 위해 구체적인 성과 지표(Key Performance Indicators, KPI)를 설정하면 효과적이다. KPI는 자신이 달성해야 할 목표를 구체적으로 나타내어, 그 성과를 객관적으로 평가할 수 있게 한다.

예를 들어, "이번 달까지 프로젝트 보고서 3개 완료"라는 구체적인 목표를 설정하고, 매주 얼마나 진행되었는지 체크한다. KPI를 설정하면 목표 달성도를 쉽게 확인할 수 있으며, 이를 통해 다음 단계의 계획을 조정할 수 있다.

3. 시간 관리 계획 조정 방법

1) 우선순위 재조정하기

성과를 측정한 후, 어떤 일에 시간을 더 많이 투자해야 할지 판단하여 우선순위를 재조정한다. 업무의 중요도와 긴급도를 다시 평가해 더 중요한 일에 집중할 수 있도록 조정한다.

매주 리뷰 결과에 따라 다음 주의 우선순위를 새로 설정한다. 예를 들어, 중요한 업무가 항상 뒤로 밀리는 경우, 다음 주에는 그 업무를 가장 먼저 처리하도록 우선순위를 조정한다.

2) 시간 블록 재배치하기

시간 블록(Time Blocking) 기법을 활용해 업무 시간을 다시 배치할 수 있다. 업무의 성과가 낮은 시간대나 집중력이 떨어지는 시간대를 재평가하고, 더 생산적인 시간대에 중요한 업무를 배치한다.

예를 들어, "오전 시간대에 집중력이 높다"는 것을 알게 된다면, 중요한 업무를 오전으로 배치하고, 비교적 덜 중요한 일을 오후로 재배치한다. 시간 블록을 재배치함으로써 더 효율적으로 시간을 사용할 수 있다.

3) 비효율적인 요소 제거하기

성과 측정을 통해 비효율적인 요소를 발견하면, 이를 제거하거나 줄이는 것이 필요하다. 반복적인 회의, 불필요한 이메일 확인, 긴급하지 않은 업무 등을 줄이도록 노력한다.

일정에서 불필요한 회의를 제거하거나, 회의 시간을 줄인다. 또한, 이메일 확인 시간을 하루 두 번으로 제한하고, 중요한 이메일에만 즉각적으로 대응하는 식으로 조정한다. 예를 들어, "매일 오전 9시와 오후 4시에만 이메일 확인"과 같이 시간을 정해두는 것이다.

시간 관리의 성과를 꾸준히 측정하고 조정하기

시간 관리는 한 번 계획을 세우고 끝나는 것이 아니라, 지속적으로 성과를 측정하고 조정하는 과정이다. 시간 기록, 주간 리뷰, KPI 설정 등을 통해 현재의 시간 사용 방식을 평가하고, 필요에 따라 조정하는 습관을 기르면, 초보자도 점차 더 효과적으로 시간을 관리할 수 있을 것이다. 이러한 방법들을 실생활에 적용해 지속적으로 개선해 나가자.

갑작스러운 일정 변경에 대처하기

갑작스러운 일정 변경은 누구에게나 스트레스를 줄 수 있지만, 이에 적절히 대처하면 예상치 못한 상황에서도 생산성과 균형을 유지할 수 있다. 유연한 사고와 실질적인 도구를 활용하면 일정 변화에 따른 혼란을 최소화하고, 시간을 효율적으로 사용할 수 있다. 이러한 상황에서 효과적으로 대응하기 위한 방법과 구체적인 전략을 알아보자.

1. 일정 변경에 대한 준비 태세 갖추기

일정 변경은 종종 예고 없이 발생하므로, 미리 대비하면 큰 충격 없이 유연하게 대처할 수 있다. 준비 태세를 갖추기 위해 다음 사항들을 실천하자.

1) 일정에 여유 시간 배치하기

하루 일정 중 주요 업무 사이에 여유 시간을 배치하면 갑작스러운 변경이 있을 때 즉각적으로 대응할 여유가 생긴다.

- 시간 버퍼 설정 : 주요 업무 사이에 15~30분의 여유 시간을 추가한다.(예를 들어, 오전 9시 회의와 11시 업무 보고 사이에 여유 시간을 확보해 긴급 상황에 대처할 수 있도록 한다.)

2) 우선순위 명확히 하기

일정 변경 시 어떤 업무를 유지하고 무엇을 연기할지 결정하는 것이 중요하다. 평소 업무의 우선순위를 명확히 정리해 두면 갑작스러운 상황에서도 빠르게 대처할 수 있다.

- A, B, C 분류법 활용 : A는 반드시 해야 할 업무, B는 중요하지만 연기 가능한 업무, C는 덜 중요한 업무로 분류한다.

3) 일정 관리 도구를 업데이트하기

디지털 캘린더와 할 일 관리 도구를 사용해 일정 변경 시에도 빠르게 수정하고 공유할 수 있도록 준비한다.

- Google Calendar나 Trello와 같은 도구를 사용해 팀과 일정을 실시간으로 공유하면 변경 사항에 신속히 대응할 수 있다.

2. 갑작스러운 일정 변경에 대처하는 단계

1) 우선 상황 평가하기

일정 변경이 발생했을 때, 먼저 새로운 상황을 정확히 파악하고 평가하는 것이 중요하다.

- 질문하기 : 일정 변경의 이유와 긴급성은 무엇인가? 변경된 일정이 나의 주요 목표에 어떤 영향을 미치는가?(예를 들어, 갑작스러운 회의 요청이 들어왔을 때, 해당 회의가 긴급하고 중요한 사안인지 평가한다. 긴급하지 않다면 다른 시간으로 재조정 요청을 고려한다.)

2) 우선순위 다시 정리하기

일정 변경으로 인해 기존 계획이 영향을 받았다면, 업무 우선순위를 재정립해야 한다.

- 아이젠하워 매트릭스 활용 : 새로 추가된 업무를 매트릭스에 넣어 긴급성과 중요도를 평가한다. 기존 계획과 비교해 우선순위를 조정한다.

3) 업무 재배치 및 조정하기

변경된 일정을 수용하기 위해 기존의 계획을 조정한다.

- 시간 블록 재구성 : 변경된 일정에 따라 새로운 시간 블록을 설정한다.(예를 들어, 중요한 보고서 작성 시간이 변경된 회의로 인해 영

향을 받았다면, 보고서를 처리할 대체 시간을 오후로 이동시킨다.)

4) 팀원 및 이해관계자와 소통하기

갑작스러운 일정 변경은 팀원과의 협업에도 영향을 줄 수 있으므로, 즉시 변경 사항을 공유하고 조율해야 한다.

- 변경된 일정 공지 : Slack, Microsoft Teams, 이메일 등을 통해 새로운 일정을 공유한다.(예를 들어, 회의 시간이 변경되었다면 관련 팀원들에게 미리 알림을 보내 준비 시간을 제공한다.)

3. 일정 변경 상황에서 활용할 도구

1) 디지털 캘린더(Google Calendar)

디지털 캘린더는 일정 변경 시 빠르게 수정하고 업데이트할 수 있는 도구다.

- 드래그 앤 드롭 기능 : 일정을 간단히 이동하여 변경된 시간을 반영한다.
- 알림 설정 : 변경된 일정에 대한 알림을 설정해 놓쳐서는 안 될 중요한 일정을 다시 확인할 수 있다.

2) 실시간 커뮤니케이션 도구(Slack, Microsoft Teams)

갑작스러운 일정 변경 시 팀원들과 빠르게 정보를 공유할 수 있다.

- 공지 채널 활용 : 모든 팀원에게 변경된 일정을 공지하고 필요한 자료를 공유한다.
- 실시간 피드백 요청 : 새로운 일정이 적합한지 확인하고, 의견을 수렴한다.

3) 프로젝트 관리 도구(Trello, ClickUp)

프로젝트 관리 도구는 일정 변경으로 인해 작업 순서가 바뀌거나 조정이 필요한 경우 유용하다.
- 작업 카드 이동 : 변경된 우선순위에 따라 작업을 다른 단계로 옮긴다.
- 마감일 수정 : 일정 변경에 맞게 새로운 마감일을 설정한다.

4. 유연한 사고방식 기르기

일정 변경 상황에서 가장 중요한 것은 유연하고 긍정적인 태도다. 변화에 대한 저항보다는 이를 기회로 삼아 효율성을 높이는 방향으로 접근한다.

1) 변화에 대한 긍정적 태도

갑작스러운 일정 변경이 스트레스 요인이 될 수 있지만, 이를 통해 새로운 기회를 찾는 자세를 갖는다.
- 예를 들어, 예정된 회의가 연기되었다면, 그 시간 동안 중요한

업무를 처리할 수 있는 기회로 삼는다.

2) 학습과 개선의 기회로 활용

일정 변경 상황에서 발생한 문제를 돌아보고, 향후 유사한 상황에 더 잘 대처할 방법을 학습한다.

- 예를 들어, 빈번한 일정 변경으로 인해 업무 차질이 있었다면, 앞으로 일정 계획 시 여유 시간을 더 넉넉히 확보하는 방법을 고려한다.

5. 갑작스러운 일정 변경에 성공적으로 대처한 사례

〈사례 1 : A씨의 긴급 회의 대응〉

A씨는 예정된 보고서 작성 시간을 긴급 회의 요청으로 인해 중단해야 했다. 그는 회의의 긴급성과 중요도를 평가한 후, 보고서를 오후로 재배치하고 회의 준비에 집중했다. 결과적으로, 그는 변경된 일정에 빠르게 적응해 보고서와 회의 모두 성공적으로 처리할 수 있었다.

〈사례 2 : B씨의 프로젝트 일정 조율〉

B씨는 팀 프로젝트 마감일이 갑자기 앞당겨지는 상황을 맞았다. 그는 Trello를 활용해 작업 우선순위를 재조정하고, 팀원들과 Slack을 통해 실시간으로 소통하며 역할 분담을 조율했다. 이를 통해 모든

팀원이 새로운 일정에 맞춰 효율적으로 작업을 완료할 수 있었다.

6. 일정 변경을 관리하는 지속 가능한 습관

1) 유연성을 위한 여유 시간 확보 : 매주 일정을 계획할 때 여유 시간을 기본적으로 포함한다.
2) 도구 활용 습관화 : 디지털 캘린더와 프로젝트 관리 도구를 정기적으로 업데이트한다.
3) 정기적인 리뷰 : 일정 변경 상황을 돌아보고, 더 나은 대처 방안을 학습한다.

변화 속에서도 시간을 지배하라

갑작스러운 일정 변경은 피할 수 없는 상황이지만, 이를 효과적으로 관리하면 스트레스를 줄이고 생산성을 유지할 수 있다. 유연한 사고방식과 실질적인 도구 활용으로 변화에 적응하는 능력을 기르고, 이를 통해 더 나은 시간 관리를 실천해 보자.

일 잘하는 사람들의 비밀 노트 01

처음부터 배우는 시간 관리

초판 1쇄 발행 2025년 1월 10일

지은이 백미르
펴낸이 백광석
펴낸곳 다온길

출판등록 2018년 10월 23일 제2018-000064호
전자우편 baik73@gmail.com

ISBN 979-11-6508-645-9 (13320)

잘못 만들어진 책은 구입하신 서점에서 교환해 드립니다.
책값은 뒤표지에 있습니다.